贸易和投资的开放对中国产业结构影响研究

刘玲 著

中国财经出版传媒集团
中国财政经济出版社

图书在版编目（CIP）数据

贸易和投资的开放对中国产业结构影响研究/刘玲著．—北京：中国财政经济出版社，2019.9

ISBN 978－7－5095－9168－0

Ⅰ.①贸…　Ⅱ.①刘…　Ⅲ.①国际贸易－影响－产业结构－研究－中国②国际投资－影响－产业结构－研究－中国　Ⅳ.①F752②F831.6③F121.3

中国版本图书馆 CIP 数据核字（2019）第 178811 号

责任编辑：付克华　高　波　　　　责任校对：胡永立

封面设计：李俊良

中国财政经济出版社 出版

URL：http：//www.cfeph.cn

E－mail：cfeph @ cfeph.cn

社址：北京市海淀区阜成路甲 28 号　邮政编码：100142

营销中心电话：010－88191537　北京财经书店电话：64033436　84041336

北京财经印刷厂印刷　各地新华书店经销

787×1092 毫米　16 开　9.75 印张　200 000 字

2019 年 10 月第 1 版　2019 年 10 月北京第 1 次印刷

定价：48.00 元

ISBN 978－7－5095－9168－0

（图书出现印装问题，本社负责调换）

本社质量投诉电话：010－88190744

打击盗版举报热线：010－88191661　QQ：2242791300

前言

改革开放的本质是以建立和完善社会主义市场经济体制为目标的制度变迁，其对经济社会的影响是全方位的。现如今，由于国际贸易保护主义抬头、经济转轨过程中产生了一些问题，使得国内也有一些反开放、反全球化“噪音”。其实，中国经济40年来的高速发展，主要就是靠改革开放，尤其是开放，开放使中国经济融入世界经济，开放促进了中国经济体制的改革。当然，改革也促进开放。通过改革开放大幅度降低体制运行成本，让中国经济与全球市场接通从而获得高速增长已形成了共识，本书以产业结构优化升级为切入点，利用既有经验事实研究贸易与投资的开放对中国产业结构优化升级等方面系统性的影响。

经济的开放包括多个方面，本书研究其中的两个方面——贸易的开放与投资的开放，具体包括进口（Import）、出口（Export）、外商直接投资（FDI）和对外直接投资（OFDI）。产业结构优化升级应该从多个维度分析，不能一提产业升级，就不切实际地想着提高第三产业的比例。首先，要考虑三大产业产值结构分布，产业结构优化升级的一个体现就是非农化产业发展水平提高；其次，要从投入—产出角度考虑三大产业的生产效率，这是衡量资源在不同产业配置的效率，资源配置效率不高的产业结构必定算不上合理的产业结构；再次，要考虑劳动力在各产业分布同各产业产值分布的对称性，二者非对称说明产品市场和劳动力市场没有实现均衡，存在隐性失业或者说存在劳动力转移的需求；最后，还需要从资源耗费、环境保护角度考虑产业结构的合理性问题。中共十八大报告提出要形成节约资源、保护生态环境的产业结构，从这个维度来看，合理的产业结构应该是尽量以较少的能源要素投入和污染排放获得更多产出的结构框架。针对上述几个方面的因素，本书提出产业结构层次系数、产业结构优化泰尔指数（Theil Index）、产业结构高级化摩尔指数（Moore Index)、产业结构均衡化指数与产业结构低碳化指数作为研究的被解释变量。产业结构优化升级受多方因素影响，国际贸易与国际投资因素是本书重点关注的解释变量。经济整体发展水平、人力资本与技术水平，消费结构、政府宏观调控以及市场化程度这些因素都会对产业结构优化升级产生影响。本书从以上几个方面因素选取指标作为解释变量。

本书的研究内容分为七章，第一章为导论，介绍选题背景、研究意义、研究思路、研究方法、创新之处及研究不足。第二章是文献综述，梳理与本书研究有关的国内外文献，提出现有文献不足。第三章是作用机理分析。将开放与产业结构优化升级作用机理进行系统性总结。第四章是现状描述，分析中国对外贸易，双边对外投资及产业结构优化升级的事实与特征。第五章是实证分析，利用修正的钱纳里标准结构模型，将中国的对外贸易、外商直接投资以及对外直接投资的时间序列数据与反映产业结构优化的几个维度指标相结合做OLS回归分析，通过回归结果初步分析对外贸易和双边投资对产业结构优化升级的影响方向及影响系数。然后用31个省级数据做省级面板数据回归分析，将全国分成东中西三大区域，分别进行回归分析，比较差异。第六章是案例分析，研究“一带一路”倡议提出后对外贸易与对外投资对中国产业结构的影响，通过案例分析对前文研究结论进行经验验证。第七章为总结与政策建议部分。

通过系统分析贸易开放与投资开放影响产业结构优化升级内在机理，同时综合运用OLS、VAR模型、面板回归等多种方法实证分析贸易与投资的开放对产业结构优化升级影响，本书得出以下结论：

（1）进口、出口在1%水平与产业结构层次系数显著正相关，OFDI在5%水平下与产业结构层次系数显著正相关，FDI在10%水平与产业结构层次系数显著正相关。出口与OFDI对产业结构层次系数影响大小为0.0810、0.0952，进口与FDI对产业结构层次系数影响大小为0.0698、0.0686。从影响系数大小来看，中国商品与资本“走出去”对产业结构层次提升效果大于“引进来”。省级面板数据固定效应模型计量回归结果显示，进口、出口、FDI与OFDI对产业结构层次系数的影响和全样本数据回归结果基本一致。

（2）FDI、出口与产业结构优化在5%显著性水平相关，进口、OFDI与产业结构优化在10%显著性水平正相关。其中FDI对产业结构优化呈负向影响关系，影响系数为1.305，说明外商直接投资额越高，产业结构优化水平越低。外资分布在各产业不均衡，外资分布多的产业劳动生产率更高，这加剧了各产业劳动生产率的差异，使得产业结构优化水平降低。

（3）FDI、OFDI与产业结构均衡化在1%水平显著相关，其中OFDI对产业结构均衡化产生负向影响。这说明OFDI越高导致产业结构均衡化水平越低。究其原因，本书认为主要在于中国对外投资规模不断扩大，对外投资模式以资本带动商品走出去为主，资本带动劳动力要素走出去规模小，使得就业结构调整与产业结构调整非对称，影响到产业结构均衡化。

（4）OFDI与产业结构低碳化在5%显著水平正相关。通过对外直接投资将国内边际产业、高能耗产业转移出去，有利于国内的生态环境保护，提高国内生产的低碳化水平。

（5）省级面板数据固定效应模型计量回归结果显示，市场化水平、政府财政支出在1%水平与产业结构层次系数显著正相关。市场化指数与政府财政支出对产业结构层次系数同时具有显著的正向影响，表明中国产业结构优化升级政府宏观调控的必要性，应该将市场治理与政府治理结合起来，将“看得见的手”与“看不见的手”结合起来，共同促进产业结构层次提升。政府财政支出对产业结构低碳化是负向影响关系，表明需要加强对政府财政资金使用的监管，提高资金使用效率。

（6）恩格尔系数对产业结构优化升级五个维度统计指标的影响系数都是负的，对产业结构层次系数在5%显著水平下负向影响，对产业结构均衡化在10%显著水平下负向影响。恩格尔系数越低，人民生活水平越高，对消费品的需求层次提高，消费升级必然正向激励产业结构层次升级。恩格尔系数对产业结构优化、产业结构高级化、产业结构低碳化的影响不显著，说明消费升级对产业结构优化升级的影响效果总体不明显。人力资本水平与技术水平对于产业结构优化升级五个维度统计指标的影响系数并不显著。这感觉不符合经济学理论。本书分析可能在中国产业结构优化升级进程中，人力资本水平与技术水平的贡献并没有发挥出来，更多地是依靠资本、依靠丰富而廉价的劳动力实现。下一步，中国要实现产业结构优化升级，避免陷入中等收入陷阱，必须要提高自身的核心竞争力，这要通过人力资本提升与创新突围来实现。

（7）面板数据分区域计量回归结果显示，不论是东部地区、中部地区还是西部地区，进口、出口、FDI和OFDI均能够促进产业结构优化升级。从进口、出口、FDI和OFDI对产业结构优化升级影响的普遍性规律来看，东部地区作用最强、中部地区次之、西部地区最弱。

通过研究结论，本书给出如下政策建议：进一步扩大开放为产业结构优化升级提供动力；引导外商直接投资在各产业合理布局；通过“走出去”利用国际市场化解过剩产能，优化产业结构；重视人力资本提升与技术创新；政府治理与市场治理相结合促进产业结构优化升级；关注开放面临的风险。

作者

2019 年 6 月

目录

第一章

导　论

第一节　问题的提出及研究意义

一、问题的提出

中国改革开放的经济效应举世瞩目，通过改革开放解放思想，制度运行成本大幅度降低，使得中国经济与全球市场接通，利用好了国内国际两大市场，这是中国经济实现高速增长的根本原因（周其仁，2018）。中国进一步扩大开放深化改革的同时，国际贸易保护主义思潮不断抬头，以美国为首的发达国家对中国的开放态度开始逆转，出现了反开放、反国际化和逆经济一体化的“噪音”。

对外开放扩大了市场，提升了消费者选择自由度。自经济学创立以来，政治学、社会学、经济学普遍认为“自由市场是好的”。市场是发现和检验知识的重要工具，市场能够根据消费者偏好去生产，从而实现资源的高效配置；套利型企业家在“贱买贵卖”的过程中，有效传递信息。市场并非最有效的机制，但却是反应最为迅速的机制（米德克莱夫特，1995），在利己的同时有意无意地促进了社会的发展（亚当·斯密，1776）。

对外开放必将带来国外资本的输入，国内很多人对于开放有“狼来了”的心理，认为开放是把市场卖给了外国人。实质上国际资本的跨区域流动，虽然存在一定的国民经济风险，但它引起的资源配置也能提高经济效率，从而改善产业结构，提升产业竞争力。国际分工引起的“自给能力”下降，使一些人认为扩大开放可能存在的潜在经济风险；但产业竞争力低一直是发展中国家经济发展瓶颈。扩大开放能带来综合收益，本书选取产业结构优化升级这个角度研究对外开放带来的红利。

（一）扩大开放是社会发展的制度需求：产业结构优化升级和双赢机制的构建

以联产承包为起点的改革开放，实质上起源于民间（小岗村的生死契约），开放的制度需求一直是制度变迁的重要动力。中国经济 30 多年的快速增长，制度变迁起到了非常重要的作用（黄少安，2002）。人们一般在经济衰退时反思制度的问题（罗斯巴德，2003），但并不会在经济繁荣时期研究制度的积极作用。随着时间的推移，经济社会必定积累下不少问题。

国家竞争力的核心是产业竞争力，产业竞争力中科技力、人才力、资源力、制度力是非常重要的。扩大开发不仅仅是经常项目的贸易，资本流动、技术直接和间接的转移、人才流动也是决定开放的重要领域。扩大开放带动的中国产品的国际输出或输入，资源、科技、人才的跨区域流动能够促进产业结构向合理化变迁，进而提升中国产业竞争力，提升国家竞争力。贸易保护如囚徒困境一样，只有考虑长远利益才能实现自由贸易和经济一体化的子博弈完美纳什均衡，这需要实现双赢的贸易机制构建。

通过选择改革开放、渐进式制度变迁，中国充分利用国际国内两大市场、两种资源，在更高层次上参与国际分工，使中国经济迅速发展。从最初的纺织轻工等初级产品，到后来的家电、重化工业的崛起，装备制造业以及电子产品的出口，中国产业结构的优化升级与开放进程基本同步。2008 年金融危机之后，世界的经济格局发生了重大变化，中国的对外开放模式与国内转型升级模式的关系随之进入新一轮的探索期。原来居于核心发动机地位的美欧等发达国家和地区，经济复苏大大低于预期，之前处于从属地位的发展中国家在世界经济格局中开始扮演重要的角色，尤其是中国，自身已逐渐成为世界市场中具有巨大活力的部门。从过去的借力依附世界市场，到如今成为影响世界市场的重要力量，中国与世界的关系正在发生全面且深刻的变化。从资源格局、经济格局、政治格局到军事格局都发生了深刻的变化。新时期中国应该怎样实施开放，才能更好地处理国内与国际关系，通过开放带动中国经济产业结构优化升级，需要我们认真思考和研究。

（二）扩大开放是中国深化经济体制改革的有效制度供给：资源配置效率提升和跨国产业链的打造

经济全球化改变了国家分工形式，价值链条上的生产、研发、销售被配置于世界各地，一个国家在国际贸易中的竞争优势不再是某一个或几个特定的产品和产业，而在于自身处在全球产业价值链条中的哪个环节上。在这样的分工模式下，发达国家进入产业链高端，而发展中国家多具有人口多、技术水平落后的特点，在国际分工中的优势以劳动密集型为主，在承接国际产业转移中多以发展传统产业为主，在国际产业链条中处于低端位置，形成的产业结构整体较低级。发展中国家，尤其是中国，在经济全球化这样新的国际形势中，如何发展对外经济，通过开放实现产业结构优化升级已经是一个亟待解决的问题。

从贸易总量来看，中国是贸易大国，但是从贸易商品结构看，中国出口的多为产品附加值低的劳动密集型产业生产的中低端产品，资本、技术密集型产业生产的高附加值的产品出口比例低，这造成了中国贸易“大”但并不“强”的现实。要想完成从“贸易大国”向“贸易强国”的提升，国内的产业结构首先要升级。在经济全球化的趋势下，中国要扩大开放，加快融入世界经济体系的步伐，充分利用世界范围的产业结构调整的机会，将发达国家相对先进、技术水平较高的产业或者生产环节转移到中国，加快工业化进程，根据国内国际市场需要优化产业结构，提高中国参与国际市场的竞争力。

世界银行（1997）认为，中国通过改革开放获取了资本、技术、市场，这些因素带来了中国经济的飞速增长，从改革的绩效来看，中国成为经济全球化最大的受益者之一。中国通过开放获得的利益表现在几个方面：通过国际贸易发挥比较优势提高资源配置的效率；通过出口扩大了需求，扩大了市场，按照“斯密定理”（Smith′s Theorem），分工程度与专业化水平受制于市场，市场扩大促进分工，提高专业化水平，进一步促进经济实现增长；通过外资填补储蓄缺口和外汇缺口（H. B. 钱纳里，1966），改善被投资地原来的资本存量，实现经济增长。

在对外 FDI 方面，也就是对外直接投资（OFDI）方面，中国起步较晚，在查阅中国对外直接投资的数据发现，2003 年之前的数值很小，在 2000 年中国入世之后对外投资逐渐增加，迎头赶上。2000 年，中国对外直接投资存量为 277.68 亿美元，到 2016 年增加到 13573.9 亿美元，提高了近 50 倍。对外直接投资对母国会产生逆向技术溢出效应，同样有利于母国产业结构的优化升级。同时，如前文分析，2008 年全球金融危机之后，中国逐渐进入到产能过剩时期，通过对外投资化解过剩产能是一个可行之计。中国目前的产业结构以传统产业为主，多是中低端制造业。伴随居民收入水平的提高，消费水平也在提升，中低端制造业的需求有限，增长乏力，根据产业生命周期理论，传统的中低端制造业进入了产业生命周期的“成熟期”，甚至可以说是进入了“衰退期”，属于夕阳产业，这种观点是以静止的眼光看待问题，忽略了当代中国的经济发展是在开放的条件下，开放的条件给予了夕阳产业发展的新思路。比如在 20 世纪 90 年代，日本的纺织机械制造业日薄西山，发展不景气。中国入世之后纺织业迅速发展，对纺织机械需求大增，日本的几大纺织机械巨头“兄弟工业”与“日本重工”得到大量出口订单，实现了高增长。近几年，中国国内纺织业进入成熟期，但是在开放的条件下，中国的纺织业正在向东南亚转移，中国的纺织机械行业将得益于东南亚纺织业的发展，必将迎来新的春天。中国其他的中低端制造业也面临相似的问题和发展新机遇，下游代工企业的产能转移，会进一步带动中、上游企业的产业链转移。

二、研究意义

（一）理论意义

（1）将对外开放因素与产业结构因素纳入统一的逻辑框架中进而分析开放对于中国产业结构的影响。对外开放和产业结构是一个国家经济发展的重要因素，从目前的文献来看，学者对这两个领域做了很多研究，但是将两者结合起来研究的并不多。现有的研究多是从开放的某个方面，或是国际贸易角度，或是国际投资角度研究对产业结构的影响。本书的研究以政治经济学、产业经济学、国际贸易理论、国际投资理论为指导，将开放的几个方面因素纳入产业结构研究框架，将开放作为影响产业结构的动态诱因，丰富产业经济学的研究内容。

（2）通过对开放与产业结构两个变量的系统认识，挖掘中间变量，构建开放对产业结构的影响机制。

（二）现实意义

1. 为中国产业结构优化升级路径提供思路

一方面，在经济全球化的背景下，任何一个国家都不可能在封闭的环境中求得发展，要在国际分工的产业链条上处于较高的位置，国内产业结构升级优化迫在眉睫。另一方面，中国要实现由贸易大国到贸易强国的转变，就要增强自身的核心竞争力，而不仅仅是发展传统产业，出口低附加值的中低端产品，这会使国内产业结构的调整、升级面临压力。产业结构的优化是个系统工程，受到很多因素的影响，贸易和投资的对外开放、扩大市场，提升资源配置空间与效率，会对中国产业结构优化会产生深远的影响，为政府制定相关政策提供新的思路以及理论支撑和理论参考。

2. 为扩大开放深化“走出去”战略找到政策发力点

中国的对外投资从 2002 年之后持续增长，投资的领域在拓宽、投资规模在增加。2012 年中国的对外直接投资额为 878 亿美元，到 2017 年达到 1201 亿美元，增长率为 36.79%，其中对“一带一路”沿线国家的对外直接投资达到 144 亿美元，占中国对全球对外直接投资的 11.99%。中国产业“走出去”过程中，对中国产业结构的优化产生了积极影响，同时也出现一些问题。由于对一些国家的情况并不完全了解，存在投资失败的情况，特别是“一带一路”沿线的一些国家社会制度、宗教、文化、风土人情、国家信誉各不相同，某些投资风险高，甚至有亏损。任何投资都会存在风险，在市场经济中没有哪一项行为是百分之百盈利的，我们需要做的就是防范和减少风险。同样，FDI 对中国的产业结构最终对中国经济发展的影响也存在两面性，有利与消极影响并存。也就是说，中国不仅面临产业结构的优化升级问题，也面临对外开放的优化问题。中国通过对外投资带动资本“走出去”，如何走？以对外投资为例，投资投向何国何地能促进中国边际产业的转移？投资投向何国何地对国内的产业升级起到促进作用？本书为中国优化对外开放，深化“走出去”战略找到政策的发力点。

3. 为政府制定差异化开放政策提供参考

中国地域辽阔，各个省的资源条件、产业结构不同，在改革开放过程中受到的影响也必然不同。本书中在开放对产业结构的影响方面做了全国层面的分析，同时做了省级层面的分区域分析。将全国各省区分为东中西三大区域，分析开放对于各区域产业结构的具体影响。例如在中原和东部省份钢铁行业属于产能过剩行业，国家要针对过剩行业进行调控，“一带一路”倡议实施中带动大量基础设施建设，西北部的很多省份是“一带一路”倡议的重点省份，钢铁行业在那里仍有发展空间，因此国家的宏观政策不能搞“一刀切”，应具体分析各个地区的具体情况，作出有针对性的差异化的政策安排。

第二节 研究内容及研究方法

一、本书主要研究内容

改革开放为中国经济带来30多年的高速增长，中国的社会、经济得到发展，人民的生活水平发生了翻天覆地的变化，中国经济和世界经济高度关联。中国将一以贯之地坚持对外开放的基本国策，构建全方位开放新格局，深度融入世界经济体系。从2008年全球金融危机之后，以美国为首的全球贸易保护主义抬头，同时世界经济失衡，在新的时期，中国要主动谋划对外开放的新模式、新布局，从量上与质上提高对外开放水平，丰富对外开放内涵，通过开放促进国内产业结构的优化升级。本书采用定性分析与定量分析、实证分析与规范分析相结合的方法，论证对外开放的两个方面——对外贸易与对外投资对中国产业结构优化升级的影响。

第一章是导论。在导论部分，首先介绍为什么要研究这个问题以及从理论与实践两方面说明研究这个问题有什么意义。然后介绍本书的研究思路与研究采用的方法。其次介绍本书研究可能存在的创新与研究特色，以及存在的问题和进一步研究的方向。最后对本书中一些关键的概念进行说明。

第二章是文献综述。任何学术研究都是在前人的研究基础之上展开的，这部分查阅了国内外相关文献，围绕产业结构的影响因素、对外开放对产业结构影响的相关研究进行梳理、评述。

第三章是理论工具与作用机理分析。从对外贸易与对外投资两个方面梳理开放对产业结构影响的经典理论，然后分别分析国际贸易对产业结构产生影响的作用机理，双边对外投资对产业结构产生影响的作用机理，最后将开放对产业结构优化升级作用机理进行系统性总结，提出开放对产业结构优化升级影响的理论框架。

第四章是现状描述部分。在这一部分首先回顾了中国对外开放的历程，然后分析对外贸易的规模及在各产业分布情况，FDI与OFDI的规模及在各产业分布情况，最后对中国产业结构优化升级进行描述性统计分析。通过现状描述，研究中国产业结构优化升级以及对外开放存在的问题，为后面分析做铺垫。

第五章是计量分析部分。计量分析分为两部分，第一部分利用修正的钱纳里标准结构模型，将中国的对外贸易、外商直接投资以及对外直接投资的时间序列数据与反映产业结构优化的几个维度指标相结合做OLS回归分析，通过回归结果初步分析对外贸易和双边投资对产业结构优化升级的影响方向及影响系数。进一步将进口、出口、FDI、OFDI与产业结构优化升级五个维度统计指标建立VAR模型，作为前文计量分析的稳健性检验。中国地域辽阔，各省区具有异质性，为了更加细致分析开放对产业结构优化升级的影响，用31个省数据做省级面板数据回归分析，同时将全国分成东中西三大区域，分别进行回归分析，比较差异。

第六章是通过案例分析对前文研究结论进行经验验证部分。中国自1978年改革开放至今，经济发展的过程伴随着对外开放的不断深化与扩大，2013年国家提出"一带一路"倡议，其本质在于扩大开放、深化开放。这部分研究"一带一路"倡议提出后对外贸易与对外投资对中国产业结构的影响。首先利用中国与"一带一路"沿线64个国家的外贸、双边投资的数据实证分析"一带一路"倡议带来的开放新模式对中国产业结构优化升级产生的影响。最后将"一带一路"沿线国家分成六大区域，分析这些国家经济体量、资源情况以及制度等因素通过开放的中介效应对国内产业结构产生的影响。

第七章是结论与建议部分。本部分属于全文的总结。在这部分对本书实证研究结论做总结，提出全文的研究结论。同时指出本书存在的不足以及进一步研究的方向，提出优化开放进而优化中国产业结构的政策建议。

二、采用的研究方法

本书研究使用到的具体研究方法如下：

（1）开放对产业结构的影响分析，全国层面做了时间序列数据的OLS回归分析与VAR模型分析，省级层面基于固定效应模型做了面板回归分析。

（2）比较分析方法。开放的两个方面——贸易和投资的开放对产业结构影响的内在机制不同，本书将贸易的开放与投资的开放对产业结构的影响进行对比分析。产业结构优化升级应从多维度衡量，本书选取产业结构层次系数、产业结构优化泰尔指数、产业结构高级化摩尔指数、产业结构均衡化与产业结构低碳化等五个统计指标衡量产业结构优化升级。分别用上述五个指标作为被解释变量与反映开放的解释变量做计量回归，比较五个回归结果。将全国分成东中西三大区域，比较三大区域开放对产业结构影响的差异。把"一带一路"沿线国家按照地理位置分成六大区域，将六大区域的面板回归结果进行比较分析。

（3）案例分析方法。以"一带一路"倡议实施作为扩大开放的案例，通过案例分析对前文研究结论进行经验验证。

第三节　研究思路与研究技术路线

本书紧密围绕“开放与产业结构优化升级”这一研究主题，通过“一带一路”倡议为案例，具体研究开放的两个方面——贸易与投资的开放对产业结构优化升级影响的主题。首先，在梳理相关的国内外文献基础上，研究开放影响产业结构的作用机理。其次，建立计量经济学模型，利用实证检验开放对中国产业结构的具体影响，进一步利用案例对计量分析结论进行经验验证。最后，提出优化开放进而优化产业结构的政策建议。

本书写作的具体技术路线图如图 1－1。

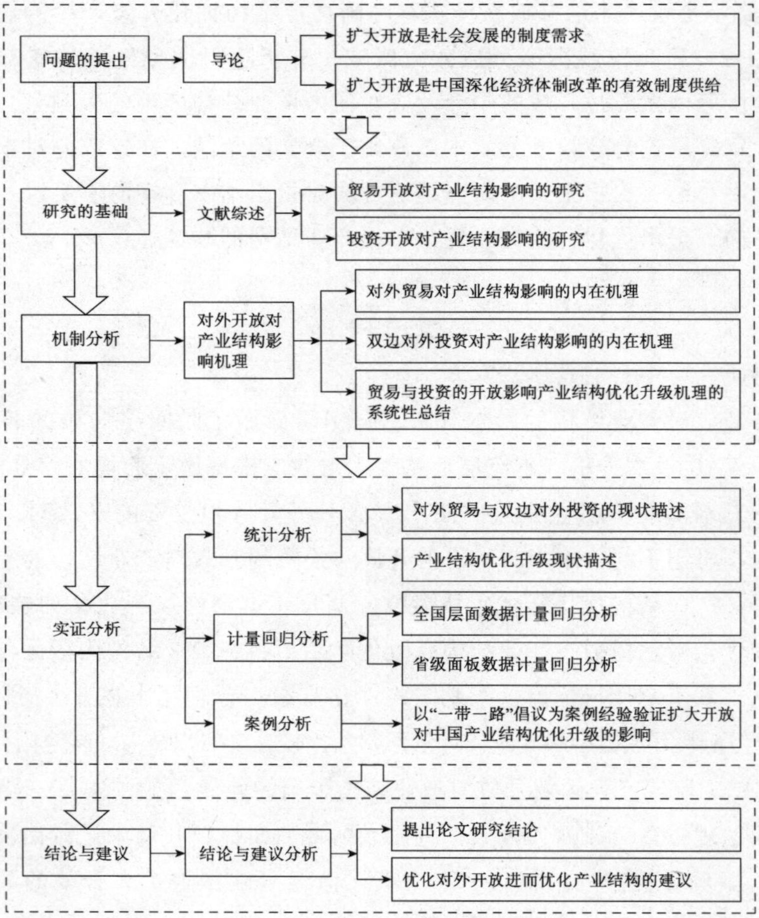

图 1－1　技术路线图

第四节　本书创新点或特色与不足之处

一、本书创新点或特色

本书在以下几个方面有些新意或特色：

（1）多个指标作为被解释变量提高了影响分析的全面性。本书选取产业结构层次系数、产业结构均衡化指数、产业结构优化泰尔指数、产业结构高级化摩尔指数与产业结构低碳化指数等5个指标作为开放对产业结构优化升级影响的被解释变量，可能有利于分析开放对产业结构优化升级的影响，提高了影响分析的全面性。

（2）机理分析更系统。关于贸易与投资开放对产业结构优化升级影响的机理分析，本书在既有研究的基础上，构建了一个影响机理的框架图，有助于把影响机理揭示得更清楚、更系统。

（3）研究特色。把"一带一路"沿线国家相关情况作为案例，既证实了本书的相关理论分析，也使得关于"一带一路"这样一个高屋建瓴倡议的经济学分析在一定程度上落到了实处。

二、本书不足之处

（1）关于产业结构变动几个维度的指标可以合成一个综合指标，但是这会涉及各指标的权重确定问题，权重选择不合理会使得后续的实证分析结果不严谨，甚至不能很好地解释现实。根据现有文献，没有合理的方法确定权重问题，所以本书实证分析部分从多个维度论证主题，没有合成一个指标。对外开放的研究存在同样的问题，现有的文献有将多个开放的因素合成一个对外开放度的综合指标，这同样涉及合理确定权重问题。

（2）"一带一路"沿线国家具有异质性，通过开放影响中国的产业结构，各个国家异质性的特点本书只选取了三个方面，这样的分析并不全面。部分原因是"一带一路"沿线国家有的经济社会发展落后，有的政局不稳定，分析相关的数据很难获得。

第五节　基本概念说明

本节对全书分析用到的一些概念进行说明。

一、产业结构

产业是随着生产力发展、社会分工而产生的现象，产业既不属于宏观经济范畴，也不属于微观经济范畴，确切地说它是一个中观经济范畴的概念，是国民经济的组成部分。随着生产力的发展，社会分工水平与专业化水平不断提高，一些从事同样属性经济活动的企业集中在一起形成产业，产业是同类企业的集合。国民经济中的各个产业不是孤立存在的，整个国民经济是个有机整体，各个产业之间有着直接或间接的联系。

“结构”一词最早是在自然科学中使用的，它的涵义是一个整体包含的各个组成部分的搭配状态与排列情况。20 世纪 40 年代，产业结构这个概念出现在经济学领域。产业结构是指一个经济体各个产业的构成状态，各产业所占的比重以及各产业之间的技术经济联系。产业结构问题的研究主要在于研究各个产业之间联系的变化趋势、规律以及某个具体产业内部的构成，也包括要素在各个产业的配置问题。借鉴王俊豪 2012 年出版的教材《产业经济学》（第二版）中对产业结构定义的基础上，本书界定产业结构为开放经济条件下再生产过程中形成的各产业间的相互联系和数量比例关系。本书分析主题是开放对于产业结构优化升级的影响，侧重点在于开放经济条件下三大产业比例及关系的变化，因此本书研究的产业结构更为具体地界定为第一、二、三产业的比重及关系。

二、产业结构优化升级

提到产业结构优化升级，很多文献用第三产业产值占比作为产业结构优化升级的指标，认为产业向“服务化”趋势变动就是产业结构升级。财富创造主要靠第一和第二产业，第三产业是为实体经济服务的。对于大的经济体而言，第三产业的发展要依靠工业化和城市化的带动。片面强调第三产业的发展不科学，也不可能，第三产业比例的提高是实体经济部门发展、城市化和工业化水平提高的自然产物。

本书认为产业结构优化升级要从多个维度，静态与动态相结合研究。首先，要考虑三大产业产值结构分布，产业结构升级的一个体现就是非农化产业发展水平；其次，要从投入—产出角度考虑三大产业的生产效率，因为这是衡量资源在不同产业配置的效率高低，资源配置效率不高的产业结构必定算不上合理的产业结构；再次，要考虑劳动力在各产业分布同各产业产值分布的对称性，二者非对称说明产品市场和劳动力市场没有实现均衡，存在隐性失业或者说存在劳动力转移的需求；最后，还需要从资源耗费、环境保护角度考虑产业结构的合理化问题。2014 年中央经济工作会议上明确指出中国的环境承载能力已接近甚至可以说达到上限了，中共十八大报告提出要形成节约资源、保护生态环境的产业结构，从这个维度来看合理的产业结构应该是尽量以较少的能源要素投入和污染排放获得更多产出的结构框架。本书利用 5 个指标作为衡量产业结构优化升级的量化分析工具，具体使用的指标在后文会详细介绍。

第二章

文献综述

第一节　开放测度与产业结构优化升级相关研究

一、测度开放相关研究

亚当·斯密（Adam Smith，1776）主张自由贸易的开放市场经济。大卫·李嘉图（David Ricardo，1817）提出的比较优势理论为开放经济提供了理论基础。Brown（1940）率先提出了具有开放度含义的“相互依存”概念。第二次世界大战后为了建立统一的国际市场，世界银行将对外贸易开放度作为评估一国经济开放度的重要指标，此时的对外贸易开放度的测度方法是将对外贸易额占 GDP 比重作为衡量指标，也称为对外贸易依存度。霍利斯·钱纳里（Hollis B. Chenery）发现用对外贸易占比法衡量开放度会存在大国和小国的区别——依据人口规模区分，即人口规模较小的国家其对外贸易占比大，这不利于实证分析。Whitman（1969）利用国际贸易和金融测度开放度。克鲁格曼（Krugman）、赫尔普曼（Helpman，1991）指出开放的国际贸易对要素配置和经济增长具有显著的影响。库兹涅茨（Kuznets，1967、1989）通过统计学分析指出，一国的对外贸易占比与国民收入是负相关的。斯蒂格利茨（Stiglitz，1995）的研究证实了 Kuznets 的结论。因此，利用对外贸易占比法来衡量开放度会因为国家的异质性（人口规模，地理位置，人均 GDP 等差异）而失真。

一些学者把对外贸易占比法进行改进：（1）主张用进口额代替对外贸易

额，且要扣除进口额中的刚性物品——粮食、石油等；（2）扣除GDP构成中的非贸易部分，如服务业产值，以此来消除各国GDP构成的差异；（3）用PPP（购买力平价）代替GDP来消除名义汇率的扭曲效应。另一方面，一些学者提出开放度测度应建立对外贸易政策上——既要对关税措施进行测度，也要对非关税措施进行测度。此外，一些学者通过对实际贸易观测值与贸易理论模型理论值的偏差来表示开放度，这些模型包括H－O模型，贸易引力模型等。Leamer（1988）根据含有9要素的H－O模型，提出用一国实际对外贸易值与理论值之间的偏离度测度开放度。Syrquin & Chenery（1989）在Leamer的基础上又加入国家规模作为新的变量，利用实际贸易流量与理论值的偏离来对开放度测度。Dollars（1992）提出用商品实际价格和开放条件下的价格偏离度来衡量开放度，这一方法被称为实际汇率扭曲指数或Dollars法，但是仅仅利用单一的实际汇率扭曲指数对开放度进行测度，会出现反常现象，因此Dollars对其进行改进并提出一个辅助变量——实际汇率变动指数。Dollars法（含改进后的Dollars法）虽然避免了测度复杂的、不确定的贸易政策过程使得对开放度的测度更为真实可信，但是其仅仅将价格偏离当作是贸易政策作用的结果，过于简化和抽象导致将一些重要的影响变量忽略，而且实际汇率变动指数缺乏相关的理论根基。Wolf（1993）提出用进口扭曲指数测度开放度，但是这与Leamer的方法实质上是一样的。Ben David（1993）构建了相应的开放度指标体系，仅仅是数据更加丰富。Levine & Renelt（1992）提出用官方汇率与黑市汇率差值测度一国的开放度。Lee（1993）构建了基于自由贸易的开放度测度指标。Anderson & Neary（1994）指出基于平均关税率的开放度测度仅在贸易保护的唯一形式是关税时才有效。Schaefer（1995）将对外融资比率作为测度开放度的指标。Johnson & Sheely（1996）指出“美国遗产基金会”（American Legacy Foundation）根据有关专家的主观判断来测度开放度。Sachs & Warner（1995）提出了开放度测度的“二进制”方法，即将一国的贸易开放度仅仅分为开放和不开放，并给出了判断开放度的五个条件，这里不赘述。Sachs & Warner法虽然使得开放度测度更为多样化——既包含定量指标又包含定性指标，但是这一方法过于粗略，仅能判断开放与不开放，无法进行深入分析，此外将制度作为虚拟变量缺乏实际可操作性，而且其他一些判断指标的量化存在争议。Pritchett（1996）指出进口渗透率、关税率等指标与Leamer（1988）开放度的计算存在反向关系。Harrison（1996）利用Summers－Heston数据进行相关的回归分析结果的残差值测度开放度。Wacziarg（2003）利用平均进口关税率、平均非关税率与 Sachs - Warner 值的线性组合对开放度进行测度。Patrick 等（1998）通过对外依存度对人口、GDP 和人均 GDP 的二次方进行回归来修正对外依存度，并以修正后的对外依存度作为测度开放度的指标。杨小凯（1993）根据新兴古典贸易模型理论中交易效率水平测度开放度。Francisco Rodriguez & Dani Rodrik（1998）从贸易政策视角将开放度测度指标建立在贸易扭曲程度之上。Haque 等（1990）将国际资本开放度的测度指标建立在利率和汇率的平价性之上。Chinn 等（2007）利用主成分分析法测度一国的金融开放度。Stewart（1999）依据贸易引力模型来测度开放度。Edwards（1998）根据先前的研究，综合了九种开放度测度方法的优势提出一种新的方法，但是仅仅是进行总结，并没有实质上的创新之处。Dollar & Karry（2002）提出真实开放度的概念，并给出了相应的测度方法。Loyd & Maclaren（2002）根据可计算的一般均衡模型对修正后的贸易依存度指标体系进行改进，进而提出了一组开放度测度指标。Jay & Kenneth（2006）基于二维开放度概念对传统比例法进行修正，构建了开放度测度的 CTI 指标。

罗龙（1990）提出了测度开放度的六个指标体系。朱立南（1995）指出包含贸易依存度的名义开放度测度指标，给出了得出实际开放度的相关修正建议。吴园一（1998）构建了包含五个指标体系的开放度测度方法。李翀（1998）、胡智等（2005）指出需要从一国国际层面上的贸易、投资和金融对开放度进行测度。而李翀（1998）通过对开放度指标的主观赋权法进行开放度测度，这一方法存在争议。李心丹等（1999）通过贸易和金融的视角构建了开放度测度的指标体系。姜波克（1999）对总量上和价格上的开放度进行了区分和解释。谭影慧（2000）通过对一国对外的贸易比率、投资比率和融资比率构建了测度开放度的指标体系和方法。黄繁华（2001）指出开放度测度指标必须加入国际贸易与投资。兰宜生（2002）区分开放度根据外资依存度和外贸依存度两个指标体系测度了中国及各省市的开放度。应健等（2002）在比较几种开放度测度方法的基础上进行了修正和改进。许统生（2003）对作为开放度测度基础指标之一的贸易依存度指数进行了修正。许和连等（2003）、包群等（2003）通过五个指标对中国的开放度进行了测度。郭羽诞（2003）、彭磊（2006）、付强（2007）等对传统贸易额占比法中的分子和分母进行了相应的修正。刘似臣（2005）综合众多研究者的方法对中国的开放度进行了测度。张素芳和房剑（2006）基于沈利生（2005）的研究提出了新的测度贸易依存度的方法，主要是对相关的指标重新进行赋权。基于赵兰英

（2006）通过对李翀和谭影慧构建的开放度测度指标体系的分析和实证检验指出了二者的缺陷，并提出了相关的改进和修正方法。胡海军等（2007）在进行相关实证研究时，利用刘似臣（2005）的修正方法对开放度进行了测度。储祥好（2006）、张燕文（2007）、周煜（2007）、李新安（2008）、汪小雨（2008）分析了中国中部地区的开放度问题，并提出了相关的政策建议。杜昌勇（2007）通过对中国东部地区 FDI 的分析，实证研究了这一地区的开放度。周茂荣和张子杰（2009）对开放度测度进行了研究述评，并给出了相应的研究建议。谷卓越（2008）、陈利香（2016）通过因子分析法构建了基于不同指标体系的开放度实证研究，对中国内地对外开放度进行了实证研究，并给出了各省市开放度的排序。郑展鹏（2009）通过构建外贸依存度、外资依存度、对外开放度等指标体系，对中国中部六省的开放度进行了实证研究。

二、产业结构优化升级经典理论

产业结构从“量”的维度界定是指一个经济体内部各产业以及一个产业之间的比例关系；从“质”的维度界定是指一个经济体中各产业的要素分布状态，也就是经济效应和技术水平的分布状态（刘志彪，2009）。随着经济发展，论述产业结构优化升级特征的几个经典理论分别是配第—克拉克（Petty - Clark）定理，库兹涅茨（Kuznets）法则，钱纳里（Chenery）标准产业结构理论，霍夫曼（Hoffman）定律。

（一）配第—克拉克（Petty - Clark）定理

配第—克拉克（Petty - Clark）定理是揭示在经济发展中产业结构发生如何变化的经验性学说。这一定理源起威廉·配第（William Petty）的《政治算术》（1691）中以英国、荷兰为例，描述了产业间相对收入差异的规律性。威廉·配第发现随着经济的发展，各产业的相对利润是不同的，工业比农业的利润高、商业又比工业的利润高得多，这样劳动力必然由农转工，再由工转商。到 1940 年，科林·克拉克（Colin Clark）对配第的研究结论进行了归纳和验证。在他出版的《经济进步的条件》（1940）一书中，他以配第提出的理论为研究基础，通过收集整理 40 多个国家、地区在不同时期三次产业劳动力的投入—产出数据，发现随着经济发展水平的提高，劳动力会出现由第一产业向第二产业转移，进而由第二产业向第三产业转移的演进趋势，后来学术界把他们的研究统称为配第—克拉克（Petty - Clark）定理。

（二）库兹涅茨（Kuznets）法则

在经济学界被称为“GNP”之父的美国著名经济学家西蒙·库兹涅茨（Simon Smith Kuznets）在《各国的经济增长》（1971）一书中，以配第—克拉克（Petty－Clark）定理为研究基础，分析了众多国家的样本数据，深入研究了经济增长与产业结构变动的关系，得出所谓的库兹涅茨（Kuznets）法则。库兹涅茨法则的内容是：随着人均国民收入的提高，一个国家第一产业的产值比重和劳动力比重都在下降，第二产业的产值比重在上升，劳动力比重也会略有上升，第三产业产值比重与劳动力比重都上升，而且劳动力比重上升速度大于产值比重上升速度，第三产业吸收劳动力的特性很强。库兹涅茨（Kuznets）揭示出产业结构变动的趋势以及产业结构变动受人均收入影响的规律，即库兹涅茨（Kuznets）人均收入影响论。

（三）钱纳里（Chenery）标准产业结构理论

哈佛大学经济学教授霍利斯·钱纳里（Hollis B. Chenery）（1975）提出的发展模式，也被称为钱纳里（Chenery）多国模型，钱纳里（Chenery）标准结构与钱纳里（Chenery）一般模式。这个理论主要揭示人均 GDP 与产业结构变动两者的关系。根据人均 GDP，钱纳里（Chenery）把不发达经济发展到成熟工业经济的整个过程分为三个阶段六个时期，每个阶段向更高一级阶段跃进是通过产业结构的演进而推动的。

表 2－1　　钱纳里（Chenery）对经济发展阶段的划分　　单位：美元

阶段		时期	人均 GDP 变动范围		
			以 1964 年价格	以 1970 年价格	以 2008 年价格
经济发展初级阶段	初级产品生产阶段	1	100－200	140－280	819－1638
经济发展工业化阶段	工业化初级阶段	2	200－400	280－560	1638－3277
	工业化中级阶段	3	400－800	560－1120	3277－6553
	工业化高级阶段	4	800－1500	1120－2100	6553－12287
经济发展发达阶段	发达经济初级阶段	5	1500－2400	2100－3360	12287－19660
	发达经济高级阶段	6	2400－3600	3360－5040	19660－29490

资料来源：H. B. 钱纳里等著. 吴奇等译. 工业化和经济增长的比较研究［M］. 上海：三联出版社，1995：122，以及作者自己整理所得。

在不同的阶段产业结构，劳动力、资本等要素分布结构有不同的特征。在经济发展初级阶段，也就是传统社会中，产业结构以农业为主，绝大部分劳动力分布在农业领域。在工业化初级阶段，产业结构由以农业为主向现代工业为主的产业结构转变，工业中生产以初级产品为主，属于劳动密集型产业。到工业化中级阶段，重工业迅速增长，第三产业开始快速发展，这个阶段产业多以资本密集型为主。进入工业化高级阶段，这一阶段在第一与第二产业获得高水平发展的基础上，第三产业特别是金融、信息、公用事业等新兴服务业持续高速发展。经济发达的初级阶段，技术密集型产业将占主导地位，跃进到经济发达的高级阶段，第三产业的比重更高，大量从第一产业、第二产业转移出来的劳动力进入第三产业，技术密集型和知识密集型产业将成为主导产业。

（四）霍夫曼（Hoffman）定律

德国经济学家霍夫曼（W. C. Hoffman，1931）在分析了20多个国家工业的时间序列数据后提出霍夫曼（Hoffman）系数，公式如下：

$$Hoffman\ 系数 = \frac{消费资料工业净值}{资本资料工业净值} \tag{2.1}$$

在霍夫曼（Hoffman）出版的《工业化阶段和类型》（1931）一书中，提出霍夫曼（Hoffman）定律。随着经济发展，工业化进程加快，霍夫曼（Hoffman）系数是下降的，这个反映工业化发展的客观规律被称为霍夫曼（Hoffman）定律。根据这个系数霍夫曼（Hoffman）把工业化进程分成4个阶段。这4个阶段的霍夫曼（Hoffman）系数分别是5、2.5、1和1以下。

三、测度产业结构优化升级的实证研究

霍夫曼（Hoffman，1931）提出了测度产业结构的理论，被后来的研究者称为霍夫曼（Hoffman）系数。里昂惕夫（Leontief，1936）提出的投入产出分析法为产业结构测度提供了新的视角。国际上对产业结构测度的指标主要依据库兹涅茨（Kuznets，1971）指数、钱纳里—赛尔昆（Chenery - Syrquin，1989）模型。Dirk Sliwka（2009），Matteo Cotugno（2013），Franco Fiordelisi、Stefano Monferrà & Gabriele Sampagnaro（2014），Petra Nieken（2015）对不同国家产业同构问题进行测度，测度中国几大经济区产业结构指出，中国存在严重的产业同构问题。李京文等（1988）、周振华（1992）、苏东水（2000）、史忠良（1998）等分别对产业结构优化的内涵进行了探讨，并各自提出了判断产业结构优化的标准，如周振华（1992）指出产业结构动态变化的过程是以趋近最优的产业结构为目标的，并提出了“结构聚合质量”的判断标准。周

振华（1992）、郭克莎（1993）提出了判断产业结构高度化的判断指标。刘伟（1995）通过参照日本的产业结构对中国的产业结构进行了测度和评估。苏东水等（1999）通过标准基准法对中国的产业结构进行了测度，指出中国基本位于工业化中期阶段。郭克莎（1999）、施发启（2003）根据三次产业产出占比、劳动力占比、投资占比、需求结构等指标进行了比较分析。袁志刚和范剑勇（2003）根据劳动力空间分布份额指标对中国产业结构进行了测度。陈荣达（2004）根据霍夫曼（Hoffmann）系数、产业高加工度系数等一组指标构建了测度产业结构的指标体系。伦蕊（2005）根据专门测度产业结构自组织能力的方法测度了广东省的产业结构。陈荣达等（2006）根据灰色关联模型测度了温州市的产业结构。邬义钧（2006）构建了测度产业结构的综合评价指标。靖学青（2005）根据产业结构层次系数测度了长江三角洲的产业结构。蒋金荷（2005）根据产业分工系数与区位熵理论测度了中国相关地区的产业结构。高燕（2006）、靖学青（2008）、闫海洲（2010）等根据产业结构年均变动值对相关地区的产业结构进行了测度。靖学青（2008）、程艳霞（2010）、付凌晖（2010）等根据 Moore 值法对相关地区的产业结构进行了测度。李宝瑜（2005）根据产业结构年变动失衡指数对相关地区的产业结构进行了测度。王志华和陈圻（2006）、徐侠和安同良（2008）根据结构重合系数对中国部分地区进行了产业结构测度。彭飞和韩增林（2012）根据行业空间集中度对环渤海地区的产业结构进行了测度。陈晓永和张会平（2012）根据产业结构相似指数、区位熵和产业梯度指数测度了京津冀地区的产业结构。孙露等（2014）根据 SNA 方法研究了中国产业网络的演化，进行了产业结构测度。

第二节　对外贸易影响产业结构优化升级的相关研究

一、促进论

亚当·斯密（Adam Smith，1776）在《国富论》中论述分工能带动经济实现增长，而分工的最高阶段就是国际分工，在国际化分工的基础之上各国贸易半径扩大，进行国际贸易，各国的财富会增加，进而促进本国产业结构的优化，这就是绝对优势学说，是最早论述贸易互利性原理的学说，绝对优势学说论证的贸易双赢思想成为指导各国扩大开放，更好地参与国际分工的理论基础之一。

英国古典政治经济学另一位代表大卫·李嘉图（David Ricardo，1817）在亚当·斯密（Adam Smith）绝对优势学说基础上提出古典主义模型。Ricardo古典主义模型的结论可以总结为：各国依据比较优势进行国际贸易，贸易带来的交换和专业化生产使世界总体福利提高。只要一国以不同于本国自给自足时的价格水平参与国际贸易，该国就受益。李嘉图认为只要一国的某些产业具有相对劳动生产率的优势，那么就可以进行国际贸易，通过贸易获得收益，一国产业结构的决定因素应该是相对劳动生产率。这一思想把亚当·斯密的绝对优势学说从特殊推及一般，这一学说经过穆勒（J. Mill，1848）的相互需求理论、阿尔弗莱德·马歇尔（Alfred Marshall，1890）和埃奇沃思（F. Y. Edgeworth，1890）共同提出的提供曲线、哈伯勒（G. V. Haberler，1933）利用机会成本和生产可能性边界为分析工具重新解释了比较成本优势理论，形成比较优势学说。

赫克歇尔（Eii Heckscher，1933）和俄林（Bertil Ohlin，1933）以一国的要素禀赋为分析的客观基础，提出H－O新古典主义模型，也被称为现代比较优势学说。在Ricardo古典主义模型中不同国家的要素生产率是外生给定的，H－O新古典主义模型也称为要素禀赋模型，模型用要素丰裕度来说明不同国家或地区的要素生产率的差异性。生产要素禀赋是指一种要素在某个国家或者区域天然的供给情况。要素禀赋理论认为一国应当出口那些在其生产过程中相对密集地使用本国相对丰裕的生产要素的商品，进口该国在其生产的过程中相对密集地使用本国相对稀缺的生产要素的商品。模型将产业结构调整内生化，建立起对外贸易对产业结构影响的内生机制。H－O新古典主义模型到20世纪40年代经过新古典综合派代表保罗·萨缪尔森（C. P. A. Samuelson）的发展，形成较完备的现代比较优势理论，也被称为H－O－S理论。这个理论为研究产业结构变迁提供了一般均衡框架。这一理论认为一国的国家贸易格局与产业结构由该国生产要素的禀赋程度决定的。假设只存在劳动和资本两种要素，只生产两种产品的条件下，劳动力丰富的国家，为了获得国际贸易利益，会优先选择发展劳动密集型产业，而积累了充足资本的国家，劳动力相对价格高，该国在产业选择战略上必定优先发展资本密集型产业，这样的产业发展战略会减少对低水平或者说对低端劳动力的需求。

20世纪40年代，日本经济学家赤松要（Kaname Akamatsu）和小岛清（Kiyoshi）提出落后国家由于缺少经济腾飞所需要的资金、技术等要素，可以通过进口满足需求，然后通过学习、吸收先进的技术，逐步获得取代进口产品的能力，进而具备国际竞争力向国际市场出口。赤松要认为对于经济发展落后的国家由于技术水平与经济发展程度的落后，不得不把一些产品市场向国际市场开放，进口这些产品。等到国内企业掌握了生产这个产品的技术，生产逐步由自己生产替代进口，随着国内生产规模的扩大，凭借生产获得的规模经济效应与低价劳动力优势，该产品的生产国际竞争力获得提升，产品进而能够实现出口，产业结构实现升级经济实现发展。工业后发国家或者说落后国家的经济发展和产业发展的轨迹是“进口—自己生产—出口”，这一理论被称为雁形形态（Wild - Geese - Flying Pattern）理论。

古典贸易理论和要素禀赋贸易理论主要论述产业之间的国际贸易与专业化生产影响一国产业结构及经济结构。20 世纪 80 年代以来，以保罗·克鲁格曼为代表的一批经济学家提出了新贸易理论，新贸易理论是以不完全竞争市场和规模经济为两大支柱的国际贸易理论。新贸易理论认为国家之间或地区之间会同时存在产业之间的贸易和产业之内的贸易，具有规模经济效应的产业在国民经济的比重会不断提高，一个国家或地区会在具有规模经济效应的产业进行专业化生产，资源配置、产业结构调整会围绕规模经济效应明显的产业进行。比较优势是产业间贸易的原因，规模经济是产生产业内贸易的原因，生产要素的配置与产业结构的调整也围绕专业化生产，特别是具有规模经济的行业进行，基于比较优势的产业间贸易与基于规模经济的产业内贸易使产业结构得以优化升级。

加拿大学者詹姆斯·A. 伯兰特（James A. Grander，1983）、美国学者巴巴拉·J. 斯本塞（Barbara J. Spencer，1983）和美国著名经济学家保罗·克鲁格曼（P. R. Krugman，1984）、埃尔赫南·赫尔普曼（E. Helpman，1985）在 20 世纪 70 年代末期、80 年代初期提出战略性贸易理论，他们认为落后国家应该重点保护、发展外部效应大、发展前途好的产业，通过这些战略性产业辐射效应带动整体产业升级。

Michaely（1977）、Balassa（1978）、Feder（1982）、Anna Pinna（1996）认为国际贸易能够促进产业结构优化，特别是一国的出口部门的要素边际回报率会高于非出口部门，通过外溢效应和对上下游产业的拉动效应带动非出口部门的发展，出口一方面提高了资源利用率，另一方面也转让了技术来推动产业结构调整。Michaely（1977）、Baldwin（1992）、Mazumdar（1996）等根据理论模型的构建，研究了对外贸易结构、经济增长、产业结构三者的关系。其中鲍德温（Baldwin）（1992）从资本形成的视角研究对外贸易与产业结构的关系，他认为：对外贸易能够产生比较优势效应和要素积累效应，通过这两种效应对外贸易对产业结构产生影响。Mazumsar（1996）扩展了 Baldwin 的研究，他的研究基于 R. Solow 经济增长模型，按照 Solow 模型一国经济增长的源泉是资本的积累。对外贸易将会影响到资本品积累，如果一国资本品是净进口的状态，国内资本品的价格会下降，会增加资本品的积累，因此资本品净进口消费品净出口会对产业结构以及经济增长起到积极作用。保罗·罗默（Paul M. Romer，1986）和罗伯特·卢卡斯（Robert E. Lucas，1988）研究指出通过发展对外贸易，扩大对外开放能够促进技术、知识以及人力资本的流动，产生技术溢出效应，从而有利于实现产业发展、经济增长。保罗·克鲁格曼（P. R. Krugman，1987）、Fishwick（1981）、Das（1987）、Worz（2004）从生产技术角度考查国际贸易对国家产业结构的影响。保罗·克鲁格曼（P. R. Krugman，1987）构建了将技术作为内生变量的技术外溢模型。技术差距理论和技术外溢理论均表明技术是一国外贸结构对产业结构产生影响的重要影响变量。Fishwick（1981）、Das（1987）针对经济全球化催生的跨国公司研究认为通过技术转让行为提高了投资对象国的经济实力，推动了这些国家市场结构的调整和经济发展方式的转变。Worz（2004）根据对外贸易商品包含的技术密集程度，把进行对外贸易的商品分成高、中、低技术密集型产品，其中高技术密集型产品的技术外溢效应更加明显，高技术密集型产品净进口量的增加能够扩张一国生产函数，生产函数的变化进一步影响到该国产业结构的变动。他从技术转移方面阐明了通过输入以技术为主导型的产品间接带动了技术外溢，表现为东道国生产能力的扩张，从而表明进出口的贸易格局能带动产业结构的调整。Arnord 等（2006）经过实际案例研究证明以服务贸易为生产对象的企业在提高技术、改善经营管理模式、提高生产率的时候间接带动了下游企业生产能力的提高，也促进了产业结构的优化，实例证明进出口贸易格局与产业结构保持相对平稳的关系。Pinna（1996）提到产出技术的革新提高了一个国家出口行业的竞争力，促进了这个国家的经济增长。Li Li、Michael Dunford & Godfrey Yeung（2012）利用贸易数据考察了中国与世界，特别是与欧盟的贸易结构升级程度，支持了上述观点，结果表明中国正在向更先进的产业升级是一个事实，互补的中欧双边贸易起到了推动作用。但是他们也指出在中国的一些特定产业（如电子、计算机和电信设备）有技术升级的迹象，而中国对矿产进口的依赖也是相关产业升级的一个重要制约因素。Michael A. Landesmann & Roman Stollinger（2018）认为全球经济条件下的运输和物流成本大幅下降改变着全球价值链的网络结构，需要各国的产业政策去适应这种新的变化，尤其是要瞄准产业发展序列在渐进中发挥重要作用。Jota Ishikawa & Nori Tarui（2018）从内生运输成本对贸易有着重要影响的视角指出，进口自由化可能会因为这种成本问题对开放的出口贸易国家产生积极影响，这其中就包括了对产业结构的重要影响。

肖云（1994）、王丽萍（2000）、吴进红（2006）、曲晓燕（2010）、李文和潘英丽（2011）认为国际贸易是产业结构变动的重要因素之一。其中，肖云（1994）是国内较早从国家贸易视角研究产业结构调整的学者，他认为一国产业结构变动的主导因素之一就是国际因素，他通过研究国际间商品贸易、技术贸易得出国际因素能够促进产业结构调整的结论，提出通过发展对外经济带动产业结构调整的建议。王丽萍（2000）认为一国产业结构变动的三大因素分别是：需求结构、相对成本与国际贸易。前两个因素是封闭经济条件下影响产业结构的因素，国际贸易是在开放经济条件下影响产业结构的因素。吴进红（2006）认为从当前世界大多数国家产业结构变化的趋势看，产业结构高级化的内涵不仅仅包括各个产业的比例关系，也包括各产业的资源配置效率的最优，信息化、技术进步与国际贸易是开放经济条件下产业结构升级的三大动力机制。曲晓燕（2010）认为需求结构的变动是影响产业结构变动的重要因素，而需求结构包括消费结构、投资结构与出口结构，出口结构的变动是影响产业结构升级的最重要因素。李文和潘英丽（2011）利用 Ricardo2 * 2 * 2 模型，建立国内与国际两大产品市场的一般均衡框架，研究发现影响一国产业结构变动的因素有居民消费者偏好、进出口商品替代弹性与汇率。余淼杰和王宾骆（2014）支持了曲晓燕的观点，并指出调整中国的加工贸易方式更有助于产业优化。王丽萍（2000）更具体地指出了如何进行加工贸易方式的调整，即通过以制成品出口逐步替代初级产品出口来扩大出口，从而带动整个产业结构调整。但池商城（2017）也指出，这种做法并不能在短期内有效地促进产业结构的优化升级，需要站在长期发展的视角统筹推进。

有的学者从作用机制、影响途径方面研究对外贸易如何影响产业结构。牛文育（1995）认为在开放型经济中对外贸易对产业结构调整的影响通过带动效应和优化效应来实现。通过参与国际贸易增加外汇收入，国内就业增加，产业链条拉长，这是对外贸易产生的带动效应；一国产业结构的高级化和外贸结构的高级化一致，对外贸易能够带动对外贸易部门的产业结构优化，进而带动非贸易部门的结构优化，最终带来整个产业结构的优化，这是对外贸易的优化效应。钟昌标（2000）经过对进出口贸易对地区产业结构的影响分析认为，一国的进出口贸易直接对该国的进出口产品结构产生一定的作用，即产生结构传导效应，通过结构传导效应和投资这个环节影响到产业的格局。喆儒（2006）、周裕全和苏小玲（2007）、石冬莲和任长龙（2009）、杨筠和巴春生（2010）从供给和需求两个方面研究对外贸易对产业结构的影响。一些产业发展需要的要素国内供给不足，对外贸易可以改变要素供给弹性，从而打破了受制于国内要素禀赋的产业发展的瓶颈获得发展，同时对外贸易扩大了市场，扩大了需求，改变了产品的需求弹性，使那些受制于国内市场规模的产业获得规模经济的好处，从而获得长足发展。总之对外贸易是通过改变产品的供给和需求弹性影响产业结构。姬沈育（2001）、罗佐县和张小创（2004）、刘秉镰和刘勇（2006）、唐志良（2010）、王菲（2012）认为对外贸易促进技术进步，推动产业结构优化升级。其中，姬沈育（2001）研究认为在开放经济条件下，产业结构优化受到国际与国内两方面因素的影响，国际因素影响产业结构优化的通道就是对外贸易。通过对外贸易能够提高资源的利用效率、促进技术进步、提高信息化水平，有利于学习先进的制度进行制度创新，对外贸易通过这四个方面影响中国产业结构的优化。刘秉镰和刘勇（2006）认为通过进出口贸易，特别是进口国外技术密集型产品能够拉动国内技术水平的提高，实现产业结构的升级。唐志良（2010）认为通过对外贸易，中国通过参与国际范围竞争与合作，推动技术进步分工水平、优化产业结构。王菲（2012）利用内生经济增长模型分析发现出口贸易部门为非贸易部门带来较强的技术外溢效应，这种技术外溢的正外部性效应促进中国产业发展与经济增长。有的学者从生产要素禀赋差异的视角研究国际贸易影响产业结构的优化升级（张海燕和沈玉芳，2004；张丝思，2008；李丽娜，2011）。张伟和李勇（2004）、张亚斌（2004）、蒋昭侠（2005）等人对进出口如何影响产业结构的机制进行了分析。其中，张伟和李勇（2004）利用S－C－P框架分析进出口贸易影响产业绩效的机制，提出的观点是：出口格局的改善能够优化产业结构、提升产业发展质量、提高生产力；而进口对产业结构的影响则不同于出口，由于输入产品会对国内相关产品的行业或者产业产生冲击力，一定程度上使得这些企业“被迫”提升产业发展能力、优化产品结构等。蒋昭侠（2005）的观点是：进出口贸易经由一国输入国外货物和输出本国货物来创造新的需求，间接带动了本国的购买需求，从而达到影响产业结构的目的。上海财经大学产业经济研究中心（2007）研究进出口国之间的贸易如何影响产业结构的机理得出结论：一国输出商品时往往是因为有价格优势，输出到对象国后因为中间运输成本等原因提高了产品的交易价格，出口这种商品或者要素的部门收入提高，这些产品或者要素就会流向出口部门，这时国内资源配置得到调整，就会影响产业结构；进口可以输入一些高质量的原料，从而提高终端产品的质量和生产能力。

很多学者从实证角度证明了对外贸易对产业结构的变动作用显著。杨全发（1999）用半对数模型，通过线性回归分析发现进出口贸易对中国三大产业有不同的影响，其中对第二产业的影响最为显著。高越（2003）通过协整分析与 Granger 因果分析得出同样结论。张燕和陈漓高（2007）用投入—产出分析法论证对外贸易显著促进产业结构优化升级。王榿伦（2006）、陈建华和马晓逵（2009）、姜茜和李荣林（2010）用不同的实证方法证明了对外贸易与产业结构两者间的高度相关性。吴进红（2005）、苏振天（2010）通过实例得出进出口贸易与产业结构优化保持长期均衡关系的结论，而出口贸易对改善产业结构的作用较为显著。鲁瑜（2009）针对我国的贸易数据调查得出出口能够推动产业结构的重构，进口对产业结构调整的影响则是负面的。孙晓华和王昀（2013）就进出口贸易对产业结构的作用进行验证得出的结论：工业产品的输入和输出交易对调整三大产业在产业布局中的比重具有有利影响，而且贸易结构的调整有利于产业结构的调整和升级。李斌（2008）从产业结构和国际贸易的协整关系分析中得出的结论：出口是否和产业结构升级存在正相关关系还有待研究。因此，在新型分工角色的背景下，进出口贸易与产业结构的调整存在着复杂的关系，并且有待进一步研究。从各省区层面实证分析对外贸易与地区产业结构关系的文献也很多。杨建忠（2004）研究上海对外贸易对其产业结构的影响。肖卓等（2006）利用协整分析工具研究云南省出口、进口、人均收入对产业结构的促进作用，出口与产业结构升级之间是正相关关系，进口与产业结构之间是负相关关系。吴进红（2006）、孙燕（2010）、曹文裴（2010）研究江苏省对外贸易与产业结构关系，研究发现江苏省对外贸易与产业结构存在正相关关系，并且分析了原因。袁媛（2011）使用 VAR 模型的计量经济学方法实证分析广东省对外贸易与产业结构的关系，研究得出结论：广东省对外贸易与广东省三大产业存在长期稳定均衡关系，对外贸易对产业结构具有正向影响关系。从海彬和高长春（2012）同样运用 VAR 计量模型的方法，实证分析浙江省对外贸易与产业结构升级之间的关系，研究发现：浙江省对外贸易对产业结构的升级产生积极影响，而产业结构的优化对浙江省对外贸易的发展作用不明显。侯学娟和江激宇（2012）用面板单位根检验、协整检验与截面加权估计等方法研究安徽对外贸易与产业结构的关系；赵文和范旭越（2012）研究黑龙江省对外贸易与产业结构的关系，得出大体一致的结论：出口贸易对于产业结构的影响大于进口贸易，对外贸易对于第二产业的影响大于对第一、第三产业的影响。池商城（2017）把对外贸易商品结构区分为货物贸易结构与服务贸易结构，从长期来看货物贸易结构正向促进产业结构优化升级，而短期看这种正向促进作用不显著；而服务贸易结构对产业结构优化升级正向促进作用在长、短期都不显著。

二、相辅相成或促退论

一些以发展中国家为研究对象的发展经济学家认为，国际贸易对这些落后国家的经济发展、产业结构升级并没有起到促进作用。阿根廷经济学家（R. Prebiseh，1949）、德国经济学家（H. Singer，1950）提出"发展中国家贸易条件恶化论"；印度经济学家（T. N. Srinivasan & Bhagwati，1958）提出"贫困增长论"；瑞典经济学家（Karl. Gunnar. Myrdal，1968）提出的"循环累积因果论"，他们认为国际分工与国际贸易是拉大发展中国家与发达国家经济差距的原因。Leonard F. S. Wang（2016）从贸易政策的角度指出，无论开放经济中的贸易政策如何制定，一国国内的企业自由进入都太过社会化，会造成过度竞争，并可能导致阻碍产业进步，进而使社会福利恶化。因此，政府应该谨慎地将产业政策和贸易政策与竞争政策相协调。Eddy Bekkers & Joseph Francois（2013）在寡头垄断背景下建立了贸易和企业异质性的模型，研究指出由于贸易自由化可能由于自由进入或可能没有自由进入而致使福利可能随之下降，但如果企业规模分布充分分散，则可能排除没有自由进入的负面福利效应。Yan Li、Mengmeng Wang & Yi Sui 等（2016）通过对碳贸易的研究指出，发达国家的碳贸易关税对中国一些产业具有最为严重的负面影响（如造纸业），从而影响中国一些产业的结构。

夏刊等（2000）、刘希宋和邱瑞（2009）、黄庆波和范厚明（2010）、赵文佳（2015）、孙德凤（2016）、熊金月（2017）经过研究认为对外贸易与产业结构有相辅相成的关系，二者具有协同性、互动性的关系。肖云（1994）、谭清文（1997）、林毅夫（1999）、赵东（2006）认为，国际贸易促进一国产业结构升级的前提条件是建立在具有比较优势基础之上的国际贸易，反之会造成产业结构的畸形发展。

第三节 投资的开放对产业结构优化升级影响的相关研究

投资的开放分为对外直接投资与间接投资，本书分析对外直接投资，间接投资多是金融领域的研究内容。国际直接投资分为对内投资，即外商直接投资(FDI)；对外投资，即对外直接投资（OFDI)，两方面投资都会影响一个国家的产业结构。

一、FDI对产业结构优化升级影响的相关研究

外商直接投资在经济全球化的时代作用不容忽视，国内外关于外商直接投资的研究浩如烟海，从影响产业结构的视角进行梳理，现有的文献集中于以下三个方面：外商直接投资对产业结构产生怎样的影响；外商直接投资通过产业关联效应影响产业结构；外商直接投资通过技术溢出效应影响产业结构。

（一）FDI对产业结构优化升级产生怎样的影响

20世纪60年代初，乔治·博茨与约瑟姆·斯坦提出新古典主义要素流动模型。他们认为如果要素的收益在两个地区存在高低差异，要素会由低收益地区流向高收益地区，这会改变要素高收益地区的产业结构，进而带动此地区经济实现增长。也就是说国际间的资本流动或劳动流动决定某国家或某地区的产业结构是资本密集型还是劳动密集型，进一步影响到该国或该地区的经济增长，如图2－1所示。在现实中，外资趋向于流向收入高的地区，外资的流入会影响到当地资源配置状态进而影响到当地产业结构，外资的进入会使当地资本密集型产业在产业结构中地位上升，促进产业结构的升级。

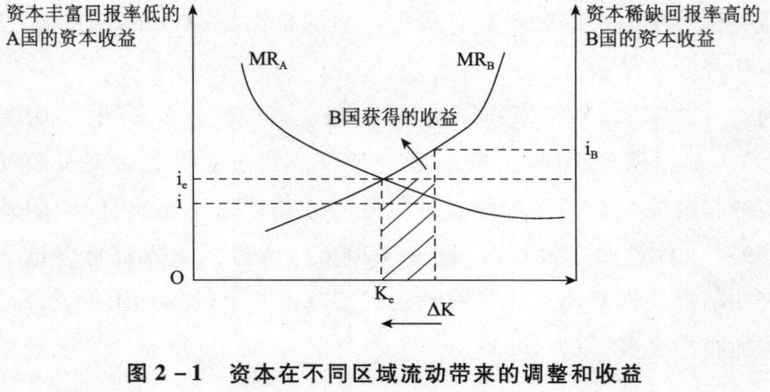

图2－1 资本在不同区域流动带来的调整和收益

大部分文献认为FDI能够增加东道国的资本存量，提高资本积累与资本利用效率，对于发展中国家来说能够弥补经济发展、产业结构升级所需要的资本不足的短板。Ragnar（1953）经过研究证实了这一论点。霍利斯·钱纳里（Hollis B. Chenery）提出“双缺口模型”，模型指出通过外商投资能够弥补发展中国家的储蓄缺口和外汇缺口，推动结构调整进而推动经济增长。Richard（1971）研究加拿大的外商直接投资对资本形成的作用，他发现如果1美元的外商直接投资能够产生2.5美元的资本存量，则在加拿大经济繁荣时期能够创造的资本存量会更大。De Mello（1997）研究指出外商直接投资能够给东道国带来新的资本品，增加资本品的种类，促进技术进步、产业结构升级。Luiz（1999）通过实证分析发现，外商直接投资与东道国自身的投资具有替代关系或者互补关系，替代性的外商直接投资带动东道国资本存量增加的效果更明显。Andreja Trtnik（2000）研究斯洛文尼亚的利用外资与传统产业的关系时发现，外商直接投资促进了当地传统产业结构的调整。

王小鲁和樊纲（2000）认为外商直接投资显著地促进了中国资本积累，促进了中国经济增长。朱劲松（2001）经过研究发现外商直接投资短期促进资本积累，增加资本存量，长期来看效果相反。郑兵云（2005）的研究与朱劲松不同，他认为无论长短期外商直接投资都对东道国资本存量的增加、资本的形成有正向影响。谭本艳（2009）使用动态面板模型的GMM计量方法实证分析外商直接投资对资本形成的影响，得出的结论和王小鲁、樊纲、郑兵云的结论一致。

郭克莎（2000）系统研究了外商直接投资对中国产业结构的影响，研究指出外商直接投资加速了中国产业结构调整，特别是对于技术密集型产业的发展促进作用尤为明显。汤文仙和韩福荣（2000）提出“三缺口模型”，模型指出中国经济发展、产业结构升级过程中，除了资金缺口、缺少资源缺口，还有“技术缺口”，外商直接投资能弥补上述三大缺口，促使企业研发，带动产业结构整体升级。姚君（2005）支持上述观点，认为外商直接投资对传统产业转型、新兴产业发展以及产业结构的优化都起到促进作用。王建军（2006）以广州的传统产业作为案例研究，发现这些传统产业由于外商直接投资的进入，使其得以由劳动密集型向技术密集型的结构转变。赵晋平（2001）通过最小二乘法分析发现外商直接投资对第三产业影响最大，第二产业次之，第一产业影响最小，黄志勇（2008）研究得出同样结论。刘超阳（2010）的观点不同，他认为外商直接投资对中国三大产业发展影响不同，对第二产业的发展影响最大，第一产业次之，第三产业受到的影响最小。王燕飞和曾国平（2006）通过实证研究指出外商直接投资对第二产业的就业以及第二产业服务化影响明显，对第三产业影响不明显。任爱莲（2008）、陈晓兰（2010）也认为外商直接投资对第二产业影响最大。有的学者认为外商直接投资对产业结构的影响存在区域差异，如何慧爽（2009）对中国30个省级数据进行面板回归分析得出结论：外商直接投资对于东部发达地区的第二、第三产业的影响都很明显，对中、西部地区的第三产业影响不明显，而对第一、第二产业的影响较明显。傅强（2006）认为外商直接投资在长三角经济圈对于产业结构变动的作用明显大于珠三角经济圈和京津冀经济圈。王洛林等（2000）通过对全球500强企业对中国投资发现，这些大型外资企业的投资对中国产业结构的调整是有利的。郭克莎（1999）研究了外商直接投资与中国三次产业结构的变动关系，指出外商直接投资在不同产业分布具有结构性倾斜，从而加大了三次产业的结构性偏差。李晓钟（2002）、杨俊龙和张媛媛（2004）、叶依广（2006）、张增臣（2009）、陈继勇和盛杨怿（2009）、聂名华（2010）、方燕和高静（2010）、张平（2010）的研究支持此观点。马宁（2011）认为外商直接投资促进中国产业结构升级效果显著，同时也拉大了产业结构的不平衡性。

也有一些文献的研究认为FDI与东道国产业结构优化升级无关，有的甚至认为两者负相关。Hunya（2002）研究外商直接投资对罗马尼亚产业结构的影响，认为外商直接投资对罗马尼亚传统产业的发展没有明显的提升作用。Akbar & Bride（2004）以匈牙利银行业为例研究外商投资与流入国经济发展的关系指出，如果外商直接投资是以获取资源为导向，则不利于流入国的产业结构调整、技术进步；如果外商直接投资是以市场导向则会带动发展中国家技术进步、经济增长。Edvard Orlic、Iraj Hashi & Mehtap Hisarciklilar（2018）通过探讨了五个欧洲转型国家制造企业的FDI溢出与生产力的关系发现，FDI与国内企业负相关，纵向和横向溢出的方向和强度要取决于国内企业的FDI吸收能力。江小涓（2002）认为外商直接投资对中国产业结构升级没有明显的作用，中国的产业结构升级有其自身的发展规律。商建初、范方志和周剑（2005）使用中国工业统计数据进行实证研究，认为外商直接投资对中国产业的升级有微弱的抑制作用。张幼文（2006）指出不能盲目夸大外商投资对于中国产业结构、经济结构调整的作用，中国对外开放的程度与获得的技术溢出效应程度并不对称，这导致中国面临的贸易环境日益恶化。陈迅、高远东（2006）利用Granger因果关系检验的计量经济学方法研究认为在长期外商直接投资与中国的产业结构存在双向因果关系，而在短期两者之间存在单向因果关系，即产业结构的变动导致外商直接投资也发生变化，反过来外商直接投资并不是产业结构变化的主要原因。

（二）FDI通过产业关联效应影响东道国产业结构优化升级

Markusen & Venable（1997）研究指出，各个产业之间以及某个产业内部不是孤立的，存在一定程度的关联效应，因此外商直接投资通过关联效应能够有利于东道国的产业升级，促进其产业的发展。进一步说，东道国本土企业可以通过向外资企业“学习效应”参与到全球分工中，逐渐成为全球生产链条中的环节，再通过与外资企业的“竞争效应”来促进产业结构升级。Markusen、Anthony & Venables（1999）认为外商直接投资通过关联效应有助于流入国的产业结构优化升级，Eva（2005）持有同样的观点。崔新建（2002）认为外商直接投资对东道国产业升级产生影响，这种影响的大小取决于产业关联系数、技术扩散效应的大小、资金流入国的产业结构状况以及资金流入国政府的产业政策。李享章等（2006）指出各产业之间存在关联效应，外商直接投资通过这种产业关联效应，使上下游产业供求关系发生变动，然后扩散到其他产业，最终使得整个产业结构发生变动。外商投资通过产业的前、后关联效应、技术扩散与学习效应对外资流入国产业结构产生积极影响（黄晓玲，2002；黄先海和郑亚莉，2010）。

（三）FDI的技术溢出效应

Coe等（1995）经过研究指出各国技术进步的主要源泉在于对外开放带来的国际间技术扩散效应。Cave（1974）、Koizumi（1977）、Globerman（1979）、Blomstrom & Persson（1983）、Grossman等（1991）、Dimelis & Louri（2002）经过研究一致认为外商直接投资能够产生技术溢出效应，使东道国获得技术溢出效应的好处，提升其科技水平，促进产业结构升级。Findlay（1978）构建了通过外商直接投资发达国家向投资的东道国进行技术溢出的模型，通过研究表明外商投资企业通常掌握先进的生产技术与管理经验，在生产经营过程中，本土企业通过“干中学”学习到外资企业的先进技术和经验。Riedel（1975）通过研究香港本土企业发展，验证了前面的观点，香港本土企业向外资企业学习和模仿的这种现象非常普遍。王英（2007）建立了外商直接投资对产业结构影响的理论框架，并进行实证分析指出，外商直接投资通过技术外溢效应、创造出口效应与获取资源等三大途径提升中国产业结构。Luosha Du、Ann Harrison & Gary Jefferson（2014）考察了1998—2007年中国制造业不同所有制结构之间的FDI外溢的大小和方向后发现，在这一时期自由化措施对促进中国工业生产率增长起到了平衡作用，增加了FDI的后向溢出。

一部分学者认为外商直接投资给中国产业发展带来积极的技术溢出效应，如秦晓钟（1998），王志鹏和李子奈（2003），李小平、卢现祥和朱钟棣（2008）的研究支持外商直接投资的正向技术溢出效应。张远峰（2004）认为外商直接投资通过产生的技术溢出影响产业结构的优化升级。冼国明（2005）、薄文广（2007）研究发现外商直接投资提高了国内专利技术申请数量，也推动了国内企业的技术创新提升。外商直接投资的技术溢出效应可以分成前向溢出效应与后向溢出效应，Liu（2006）、刘伟全和张宏（2008）通过实证分析都得出外商直接投资产生正向的前、后向技术溢出效应，但姜瑾和朱桂龙（2007）的研究结论不同，他们认为外商直接投资前向技术溢出效应是正向的，而后向技术溢出效应是负向的。

还有一些学者持有不同的观点，他们认为外商直接投资对于中国的正向技术溢出效应并不明显，王春法（2000）、赵春明等（2006）研究指出外商直接投资并没有带来核心的技术，也没有带来关键设备，因此外商直接投资的正向技术溢出效果不明显。有学者认为外商直接投资对东道国会产生负向的技术溢出效应，原因在于外商直接投资凭借掌握的技术和资本在东道国形成垄断，对本土资本产生挤出效应，排挤新的投资者进入。Kokko（1992）、Haddad & Harrison（1993）研究证明了这种观点。Katz（1969）、Gershenberg（1987）研究认为外商直接投资产生正向还是负向的技术溢出效应主要取决于人力资本的流动情况，如果高素质的人力资本流向外资企业会产生负向技术溢出效应，相反如果流向本土企业，或者为本土企业员工进行培训，本土企业员工能够进行“干中学”则会产生正向的技术溢出效应。

二、OFDI对产业结构优化升级影响的研究

国际间投资的另一种形式就是外向型国际直接投资，也称为对外直接投资（OFDI）。关于对外直接投资对于母国产业结构变动、升级的影响很多学者从理论、实证方面做了大量研究，相关文献也很多，学术界研究的观点大体分成两部分：观点之一，对外直接投资能够有助于母国产业结构的优化升级，原因在于对外直接投资转移母国的比较劣势产业，能够获得资源、市场，对外直接

投资能够产生逆向技术溢出效应。观点之二，对外直接投资阻碍母国产业结构的优化升级，原因在于对外直接投资会造成母国产业空心化。

（一）OFDI 正向影响产业结构优化升级

美国哈佛大学 Raymond Vernon《产品周期中的国际投资与国际贸易》（1966）一文中提出产品生命周期理论。他认为产品如同人的一生具有生命周期，产品生命周期是从产品被研发生产出来经过进入市场到普及最后到被市场淘汰的整个过程。如同人的一生，产品生命周期经过研发期—成长期—成熟期—衰退期四个阶段。不同国家经济发展水平不同，技术水平不同导致几个阶段在不同国家出现时间具有差异性。在最初的研发期，研发成功需要一定的企业家精神，而发达国家在这方面具有比较优势，研发成功后投入市场，到大规模生产，产品生命进入成熟期，这时候对生产技术的要求没那么高，反而低廉的劳动力成本成为影响产品成本的重要因素。发达国家通过对外直接投资把成熟期的产品生产转移到劳动力价格低廉的发展中国家，通过生产的技术溢出效应带动发展中国家产业结构升级，以及母国的产业结构升级。

小岛清（Kiyoshi Kojima）在 1977 年出版的《对外直接投资论》中提出“边际产业扩张理论”。该理论认为一国通过对外直接投资把国内处于比较劣势的产业，即边际产业和国内夕阳产业，把这些产业转移出去，然后把有限的资源和生产要素集中发展国内比较优势的产业，从而拉动国内产业结构的整体优化升级。这个理论弥补了传统国际投资理论只解释由发达国家向发展中国家进行对外投资现象的缺陷，为发展中国家进行对外投资战略提供参考。不过这个理论是针对战后日本对外投资特点提出的，也没有考虑产品技术周期的动态变化。

英国学者坎特维尔（John A. Cantwell，1990）、托兰提诺（Paz Estrella Tolentino，1993）提出“技术创新与产业升级理论”解释发展中国家或地区对发达国家进行对外直接投资的现象。他们认为对发达国家的跨国对外投资的动因具有技术寻求特征，对外投资多流向那些高新技术行业，通过对外投资增加本国技术积累，加强本国技术创新，提升产业结构，提升国际竞争力。这一理论解释了 20 世纪 80 年代以来一些新兴工业化国家对外投资结构由发展中国家向发达国家转移，由传统产业向高技术产业移动的轨迹。Padilla－Perez（2016）研究发现发展中国家进行对外投资的动机之一是寻求具有战略性地位的资产，通过这样的途径提升国内的产业结构。Braconier（2001）利用瑞典跨国公司的数据进行研究，发现对外直接投资与技术溢出显著正相关，对外直接投资投向的东道国经济越发达技术水平越高对母国产生的逆向技术溢出效应越明显，对母国产业结构升级推动作用越显著。Lipsey（2002）、Driffield（2003）、Branstetter（2006）的研究都证实了对外直接投资逆向技术溢出效应的存在，从而对母国产生技术反哺效果。

国外学者从实证方面，多角度、多方法，利用时间序列分析和面板数据分析研究对外直接投资对产业结构优化升级效应，验证了或者弥补了理论研究的结论及不足，研究成果日益完善。Chyau Tuan（1997）研究香港对内地的对外投资，Hiley（1999）、Blomstrom（2000）、Advincula（2000）以日本、韩国为例，研究对外直接投资对母国产生的产业升级效应；Barrios（2005）利用爱尔兰制造业的面板数据进行实证研究；Liang & Bing（2010）研究韩国的对外直接投资与产业结构的长期关系；Narula & Guimon（2010）研究东欧国家产业升级过程中双边跨国投资的作用；Filip（2014）研究日本和中国台湾地区对外直接投资促进产业结构升级。他们的研究得出一致的观点：对外直接投资对母国能产生显著的产业结构效应，提高产业结构调整空间。Fors & Kokko（2001）、Bernard（2002）、Markusen（2009）、Jang & Hyun（2012）、Cozza（2015）的研究同样支持对外直接投资有助于母国产业结构优化的观点。

随着中国整体经济水平提高，中国对外开放的步伐大大加快，贸易大国的地位日益凸显，特别是中国加入 WTO 之后，对外直接投资规模大幅度增加，国内学者针对对外直接投资与产业结构调整的关系从多角度进行研究。刘光卫（2000）从培养对外直接投资的产业竞争力视角；江小涓（2002）从产业结构调整层级角度；魏巧琴（2003）从跨国投资的技术外溢角度；王根军（2004）从发展中国家转移落后产业角度；黄顺武（2008）从产业定位的视角，研究对外直接投资的母国产业结构效应。他们的研究得出相似的结论：对外直接投资对产业结构调整有显著作用，能够增强母国产业竞争力、推动技术进步、提升产业层次、发挥母国产业比较优势。杨建清（2004）认为对外直接投资通过提高母国人力资本水平、加快人力资本的跨国流动的途径，逐步优化母国产业结构。冯志坚（2007）、肖黎明（2007）认为发展中国家对外直接投资通过产业转移与逆向技术溢出途径推动母国的产业结构升级。

一些学者对于对外直接投资对母国产业结构的影响做了实证分析。石柱鲜和吕有晨（1999）以韩国和日本的数据为样本，研究日韩通过对外直接投资，使得国内比较劣势产业规模缩减、战略性新兴产业兴起、国内产业结构层次升级。黄琨（2000）、金明玉和王大超（2009）、李国平（2001）、藏新（2006）和燕敏（2007）做过类似研究，得出的结论支持上述观点。有学者利用灰色关联计量经济学方法，分行业研究对外直接投资的产业结构效应。王英和刘思峰（2008）基于灰色关联理论分行业分析发现，制造业、服务业这样的技术与劳动力密集行业以及高新技术行业对外直接投资对母国产业结构调整的影响更加显著。尹小剑（2010）、张远鹏和李玉杰（2014）、翟瑞瑞（2015），及谢光亚在2015年使用同样的灰色关联分析法研究得出类似结论。利用时间序列分析与面板数据建立模型实证分析对外直接投资与产业结构之间的正相关关系（罗丽英，2008；杨建清，2013；冯春晓，2009；潘颖和刘辉煌，2010；赵伟和江东，2010；李逢春，2012；王滢淇和阚大学，2013；杨建清，2015；朱明瑞，2015）。有学者采用空间计量方法论证对外直接投资具有空间溢出效应，与产业结构优化升级正相关（崔日明和俞佳根，2015；李东坤和邓敏，2016）。

（二）OFDI与母国产业结构优化升级负相关

在国内外学者论证对外直接投资对母国产业结构升级产生正向影响的同时，一些学者提出不同的观点。对外直接投资可能会使母国产业出现“空心化”现象，反而会导致母国一些产业的衰落，阻碍母国产业结构升级。Slaughter（1998）、Cowling（2000）、綦建红（1996）、周振华（1998）、国彦兵（2003）、樊纲（2003）、石柳（2013）、王荣（2015）、桑百川（2016）的研究均指出对外直接投资导致的产业“空心化”趋势，并提出相关防止“空心化”产业进行对外直接投资的原则。

第四节 国内外文献评述

综合分析关于测度开放、产业结构优化升级、贸易开放与投资开放对产业结构优化升级影响的研究文献，总体来说，关于对外开放对产业结构的影响大多数学者观点一致：对外开放从不同路径激励产业结构优化升级。下面对现有文献做简要评述。

第一，产业结构优化升级量化研究视角单一。关于产业结构调整优化的文献非常多，多从一个角度选取指标衡量产业结构优化升级。测度产业结构优化的指标多用泰尔指数，测度产业结构高级化的指标用第二产业产值占 GDP 比重；第三产业产值占 GDP 的比重；第二产业产值与第三产业产值之和占 GDP 的比重，摩尔指数，也有选用产业结构变动度指标的，还有选取多指标用因子分析或主成分分析法合成一个单一的产业结构变动指标。产业结构的优化升级应该从多个角度综合考量，但是用计量方法将多个指标合成一个指标的方法本书认为并不合适，因为这样的做法涉及各个指标的权重确定，现有的文献没有发现很好的权重测定方法，本书分别从产业结构层次系数、产业结构优化泰尔指数、产业结构高级化 Moore 值，以及产业结构均衡化指数、产业结构低碳化指数多角度、更全面地分析开放对于产业结构优化升级的影响。

第二，单方面反映对外开放。从多个方面研究对外开放与产业结构关系的文献并不多。根据对国内外相关文献的梳理和回顾，前人的研究多从反映开放的某个方面对产业结构优化影响，或者从对外贸易，或者从外商直接投资，或者从对外直接投资方面研究对产业结构的影响。开放包含很多方面，涉及贸易的开放、投资的开放、金融的开放、文化的开放……单从某个方面研究对产业结构的影响，以偏概全。但是如果把反映开放的所有方面因素都考虑在内，由于研究范围太宽使得研究难度相当大，而且会出现不能深入、具体研究的弊端。本书重点研究开放的两方面——贸易和投资的开放对产业结构优化升级的影响。

第三，研究对外开放中介效应的文献缺乏。通过开放，中国与各个国家互通有无、实现双赢，这些国家在经济体量、制度稳定性、基础设施，以及与中国的关系等方面具有异质性，本书以“一带一路”沿线国家与中国的贸易和投资往来为例，研究这些国家各自的特性通过开放，特别是通过中国对其直接投资产生中介效应，对中国产业结构优化升级产生怎样具体的影响。

第三章

贸易与投资的开放影响产业结构优化升级的内在机理

上一章的文献综述梳理对外贸易与双边对外投资影响产业结构优化升级的经典理论与研究成果，本章主要分析对外开放的两个方面——贸易开放与投资开放通过什么路径影响到产业结构优化升级，最后总结出对外开放影响产业结构优化升级的内在机理。

第一节　贸易的开放影响产业结构优化升级的内在机理

国际分工打破国家的界限，国与国之间在资源、产品、技术、劳务方面进行交换产生国际贸易。出口增大了市场需求，进口增加供给，国际贸易从这两方面影响产业结构。具体来说资源、产品、劳务的出口会拉动国内相关产业的需求，进而拉动相关产业的发展；国内匮乏的资源进口能够弥补资源瓶颈，进而弥补国内利用这些资源生产的产业的不足。如果直接引进先进技术，进口高技术含量的产品能够促进国内技术进步，有助于国内产业结构升级优化。当然也存在某些进出口贸易对产业结构影响是负向的情况。有些国家长期处在全球产业链的低端，自主研发又跟不上，结果就是长期处于生产、出口低附加值的初级产品，附加值高的工业制成品与高科技产品依赖于进口，这样的进出口结构会制约产业结构整体升级。

一、改变相对价格与资源配置效率

A 国在生产 X 商品、B 国在生产 Y 商品具有比较优势，那么 X 与 Y 商品在两个国家的相对价格存在差异。相对价格的差异是进行贸易的基础，一国与另一国比较，在一种产品上相对价格低，另一种商品上相对价格就必然会高，在相对价格低的商品上具有比较优势，相反在相对价格高的商品上具有比较劣势。每个国家在具有比较优势的产品进行专业化生产，生产多于本国需求的数量，用多余部分出口交换本国比较劣势的产品。但是，随着专业化生产本国比较优势的产品生产成本会递增，两个国家相同产品的相对价格互相接近，直到该价格在两个国家相等为止，分工停止，贸易在国际均衡价格上达到均衡，共同的相对价格是贸易之前相对价格 P_A 和 P_B 中间的某个水平。相对价格的改变带来资源在世界范围的重新配置，资源配置效率提升，带动产业结构优化升级。

二、加快技术进步

进口国外先进的生产设备、生产线、专利技术，用于直接提高本国生产的效率，如果进口本国研发使用的仪器、实验设备、新产品来加大自身的研发，能够提升进口国研发水平进而实现自主创新。比如东亚奇迹就是通过使用引进的新设备、新生产线提高了出口企业技术水平，再通过产业关联效应、竞争效应、技术扩散效应，提高整个产业发展水平。发展中国家还有一条更厉害的方法，它的学习曲线会帮忙看到先进的产品，通过进口买回来，再组织自己的研发团队把产品拆开来仔细研究，通过学习、改进，再进行组装，成本可能更低、更具有竞争力。

技术领先的国家出口的产品可以看做是先进技术与管理的载体，发展中国家把这样的产品进口过来，也就把产品中蕴含的技术因素进口过来，投入力量仔细研究这些产品，破解产品的技术信息，再进行消化、吸收、学习、模仿，从而转化为自身的技术知识，技术具备的非竞争性以及产生正外部效应会带动产业结构的升级优化。

三、调节市场供求关系

调节各国市场的供求关系，互通有无始终是国际贸易的重要功能。从需求角度分析，按照凯恩斯（J. M. Keynes）（1936）的乘数理论，进出口贸易作

为一个社会总需求的构成部分对经济产生乘数效应，进出口贸易变动一单位会通过国民经济各部门的关联效应使得国民收入变动乘数倍变化。在开放经济中均衡国民收入等于：

$$Y = \frac{1}{1 - \beta(1 - t) + m} \times (\alpha - \beta T_0 + \beta TR + I + G + X - M_0) \tag{3.1}$$

进一步求出对外贸易乘数：

$$\frac{\Delta Y}{\Delta(X - M_0)} = \frac{1}{1 - \beta(1 - t) + m} \tag{3.2}$$

从上述公式可以看出：进出口变动 1 元会引起国民收入变动 $\frac{1}{1 - \beta(1 - t) + m}$ 元，由于消费倾向 β、税率 t、进口倾向 $\in (0, 1)$，所以 $\frac{1}{1 - \beta(1 - t) + m} \geqslant 1$。一个国家或地区的产业结构形成与升级的影响因素中经济发展水平是个重要变量，国民收入目前是反映一国经济发展水平的最常用的指标，国民收入增加，势必提高人均收入，人均收入的提高会增加消费总量，消费品的需求也会升级，需求刺激的信息经过反复传递，就会吸引企业的生产向这类产品转移，产业结构随之调整。

出口企业面临国际市场的竞争，要想在激烈的竞争中占领市场份额，扩大出口规模，就要生产出满足国外消费者偏好、受国际市场欢迎的商品，各个国家的消费者偏好具有异质性，对产品的质量、包装、外观、设计等商品各个维度品质有不同的要求，这些需求信息会传递给出口企业，企业根据国际市场的需求信息寻找原材料，改善生产工艺，提高生产技术水平，在需求驱动下出口企业产业升级，同时产业间的关联效应把这种出口企业的技术进步产生的正外部性溢出到非出口部门，使整个产业结构实现升级。

从供给角度分析，世界各国由于受生产水平、科学技术和生产要素分布状况等因素的影响，生产能力和市场供求状况存在着一定程度的差异。各国国内既存在产品供不应求的状况，又存在着各种形式的产品过剩状况。通过国际贸易可以增加国内短缺产品的市场供给量，满足消费者的需求，扩大消费者选择集，无疑能提高消费者福利，进而增加社会福利水平。国际贸易还为各国国内市场的过剩产品提供了新的出路，在一定程度上缓解了市场供求的矛盾，从而调节了各国的市场供求关系。

以上说的主要是产业之间贸易对产业结构的影响，通过比较利益机制影响产业结构，但是如果不同国家具有相同消费者偏好和生产技术，那么根据传统的贸易理论，不可能产生国际贸易，从国际贸易的现实方面看，第二次世界大战后，发达国家之间的“产业内贸易”日益构成国际贸易的主要方面，产业内贸易产生的原因主要是规模经济，这在前面基础理论梳理中已经说明了，这里不再赘述。进出口贸易影响产业结构的机理具体如图 3－1 所示。

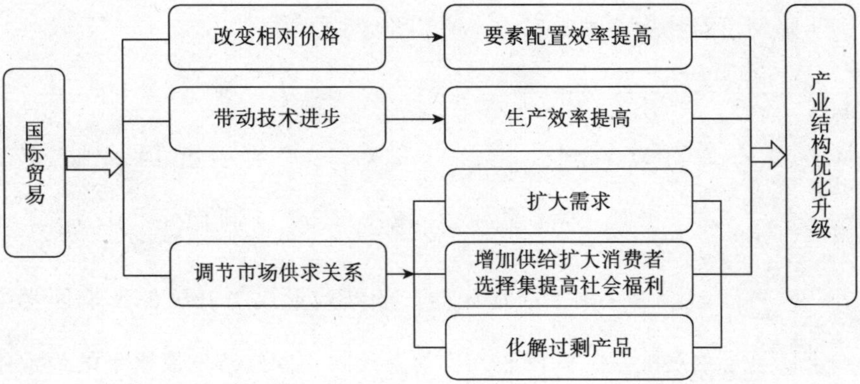

图 3－1　国际贸易影响产业结构优化升级机理

第二节　投资的开放影响产业结构优化升级机理

一、外商直接投资（FDI）对产业结构影响的内在机理

（一）FDI 提高东道国资本积累

钱纳里（Chenery）和斯特劳特（Stutout A. M）在《外援与经济增长》（1966）一文中提出，发展中国家经济发展存在的“两缺口”理论，首次系统地分析利用外资与经济增长的关系，主要思想就是外商直接投资能给东道国带来经济发展所必需的资本，弥补发展中国家实现发展存在的资金缺口。以下就是“两缺口”模型的主要内容。

在存在家庭、企业、开放部门的三部门经济中，一国的国民收入从供给角度来看，国民收入 Y = 消费 C + 国民储蓄 S + 进口 M；从需求角度来看，国民收入 Y = 消费 C + 国内投资 I + 出口 X；从两个角度计算的 Y 应该相等，即 $C+S+M=C+I+X$，整理式子两边得到 $I-S=M-X$，投资与储蓄差额 $I-S$ 就是储蓄缺口，进口与出口差额 $M-X$ 就是外汇缺口。发展中国家经济发展水平低，国民收入水平自然也低，在经济发展初期投资水平会大于国民储蓄水平，这个时候劳动密集型产业占国家产业结构的主体，生产的产品技术含量低，有些商品需要依赖进口满足需求，进口额会大于出口额。这两个情况会出现“储蓄”和“外汇”两大缺口。外商直接投资的进入，是弥补两大缺口的主动性选择，外资的进入能够达到双重效果。一方面外资的进入弥补外汇缺口，另一方面能够增加投资弥补储蓄缺口，同时减轻国内储蓄不足与外汇不足的压力，为发展中国家经济增长带来动力。而且外资进入带来的资本累积效应，东道国的产业结构由劳动密集型产业占主导向资本密集型产业为主转变。

按照新古典经济增长模型的逻辑，一国生产函数 $Y=Af(K,L)$，假设技术水平是产出增长型的希克斯（Hicks）中性技术进步，可以令 $A=1$，规模报酬不变的假设条件下，生产函数可以写成$\frac{Y}{L}=f(\frac{K}{L},\frac{L}{L})$，人均收入$\frac{Y}{L}$用 y 表示，得到式子：$y=f(\frac{K}{L})$。从中能够发现资本与劳动之比$\frac{K}{L}$是决定一国产出水平的重要变量，外商直接投资增加东道国的资本存量 K，改变人均资本量$\frac{K}{L}$，人均资本量决定人均收入水平，人均收入是产业结构优化升级的重要影响因素。

（二）FDI 产生技术溢出的外部效应

外商直接投资能够提升东道国产业技术水平，产生技术外溢效应。在钱纳里（Chenery，1966）提出的双缺口理论基础上，著名发展经济学家阿尔伯特·赫希曼（Albert Otto Hirschman）提出发展中国家调整产业结构，发展经济过程中除了储蓄缺口与外汇缺口之外，还有技术缺口。技术缺口包括企业家才能、先进的管理经验，同样是制约其经济发展，产业结构升级的瓶颈，他修正了两缺口理论，提出包括技术缺口的三缺口理论。美国发展经济学家迈克尔·托达罗（M. P. Todro，1969）进一步修正三缺口理论，提出包括税收缺口的“四缺口”理论。政府税收目标与实际征收到的税收之间的差额是税收缺口。一方面，制约发展中国家产业升级、经济快速发展的管理经验、企业家才能等生产要素，以及生产技术水平，在短时间之内无法依靠自身弥补这一缺口，利用好国外资源是个权益之计。在引进外商投资的过程中，有意识偏重引进母国先进的技术、高水平管理人才、技术人员，提高引进外资的使用效率，通过与本土产业的关联效应，以及本土企业的“干中学”来提高东道国的产业发展水平。另一方面，发展中国家经济发展水平低，比较贫穷，必然存在政府税收缺口，外商直接投资企业增加东道国的税收，也可以通过入股经营，财政参与的形式参与到外商投资的跨国企业，从而弥补税收缺口。

如果仅仅考虑外商投资带给东道国的资本积累效应，按照新古典经济增长理论，资本的进入对经济会起到短期的影响，从长期来看，经济增长会进入“稳态”。经济增长率表示为$\frac{\Delta Y}{Y}=\frac{\Delta K}{K}=\frac{\Delta L}{L}=n+\delta+a$，其中，$n$、$\delta$、$a$ 都是常数，即经济增长率等于人口增长率与折旧率和技术进步率之和，也就是说，流入的外商投资对东道国产业结构、经济增长只有短期效应、水平效应，没有长期持续影响、增长效应。20 世纪 80 年代兴起的内生经济增长理论也称为新增长理论对于外商投资对东道国的影响提出新的观点。不同于新古典经济增长模型将技术水平 A 外生化，新增长理论内生化技术水平。技术水平 A 也可以看作全要素生产率，FDI 是影响全要素生产率的重要因素，因此，技术水平 A 由 FDI 内生决定。下面用 C－D 生产函数考察 FDI 技术溢出效应。

$$Y=A(K_F+K_D)(K_F+K_D)^{\alpha}L^{\beta} \tag{3.3}$$

公式 3.3 表示一国生产函数，其中，Y、A、L、K_F、K_D、α、β 分别表示总产出水平、反映技术水平的全要素生产率、劳动生产要素、来自国外的资本、国内资本、资本的生产弹性、劳动的生产弹性。将公式 3.3 两边取对数并对时间求导得到经济增长率的表达式：

$$\frac{dY}{Y}=\frac{dA}{A}+\alpha\frac{dK}{K}+\beta\frac{dL}{L} \tag{3.4}$$

总资本存量 $K=K_F+K_D$　(3.5)

对$\frac{dA}{A}$进行整理得出：

$$\begin{aligned}\frac{dA}{A}&=\frac{\partial A(K_F+K_D)}{\partial K_F}\frac{\partial K_F}{A}+\frac{\partial A(K_F+K_D)}{\partial K_D}\frac{\partial K_D}{A}\\&=A_F\frac{FDI}{A}+A_D\frac{I}{A}\end{aligned} \tag{3.6}$$

$A_F=\frac{\partial A(K_F+K_D)}{\partial K_F}$表示 FDI 对技术水平的边际影响，也就是 FDI 的技术溢出效应。将公式 3.6 带入到式 3.4 就能得到通过 FDI 的技术溢出效应内生化决定技术水平，进而影响到经济增长的结果，一国整体经济发展水平必然会对产业结构升级起到推动作用。

进一步分析外商直接投资能够为东道国带来知识积累效应。经济学家肯尼斯·阿罗（K. Arrow）在书《边干边学的经济含义》（1962）和伊坦·谢辛斯基（Sheshinski E.）在其本书《具有边干边学的最优积累》（1967）中提出一国资本不断积累的过程就是技术进步的过程，因为存在“边干边学”效应，会使得知识和技术与资本积累程度正相关。阿罗（Arrow，1962）假设技术进步是投资的副产品，是厂商在生产中积累经验的结果。一个厂商的投资不仅仅会提高自身的生产率，而且将提高全社会所有其他厂商的生产率。因此，技术进步是经济系统的内生变量。从“边干边学”理论看，外商投资的进入带来的资本以及新的技术、先进的管理经验、新的经营模式对东道国产生非常强的示范效应，通过模仿带动本土企业生产效率的提高。1986年保罗·罗默（Paul M. Romer）在吸收了阿罗（K. Arrow）和伊坦·谢辛斯基（Sheshinski E.）提出的“干中学”的基础上，在《收益递增经济增长模型》一文中提出了自己的内生经济增长模型——知识溢出模型。罗默（Romer）认为，国际贸易可以促使知识在世界范围内加速积累，从而提高世界经济增长水平，这一点对于落后国家十分重要。总之，外商直接投资带来的技术溢出效应内生于东道国经济系统，对东道国产业结构优化升级、实现经济增长产生重要影响。

（三）FDI产生人力资本流动效应

卢卡斯（Lucas，1988）扩展了资本的内涵，他把人力资本纳入到资本的范畴，提出了包含人力资本的生产函数 $Y=[(1-a_k)K]^{\alpha}[(1-a_h)H]^{1-\alpha}$，$H$ 是人力资本水平，指劳动力经过教育投资、技能培训获得的能力与技能的提升。外商直接投资带来的资本累积、先进技术、先进的管理理念提升东道国的人力资本水平，通过人力资本发挥作用。如果东道国整体教育水平低、经济发展落后、劳动力素质普遍偏低，达不到外资企业要求的员工素质。外资企业往往会对东道国的员工进行培训，对一些高级员工，外资企业会送他们到发达国家接受技术与管理知识技能的培训，这些高级人才流动性强，技术溢出的速度就更快。外商投资带来的人力资本流动效应，有助于提升东道国整体人力资本水平，进而提升东道国整体产业结构层次。

（四）产业关联效应

赫希曼（A. O. Hirschman）在《经济发展战略》一书中详细分析了产业之间的关联以及关联效应问题。产业关联效应就是一个产业的生产、产值、技术等方面的变化通过它的前向关联关系和后向关联关系对其他产业部门产生直接和间接的影响。前向关联效应是指某产业的生产、技术发生变化影响到前向关联产业、部门发生相应的变化，前向关联部门推出新的技术、开辟新的市场、采用新的管理方式等；后向关联是指某产业生产、技术发生变化影响到后向关联部门在生产、技术、产值方面发生变化。例如，某产业对投入品需求扩大或者是品质要求、生产标准提高引起为其提供投入品的产业、部门扩大生产规模、提高技术水平、加快技术进步等方面的变化就是后向关联效应。

外商投资在向东道国投资生产时必然会与东道国本土企业发生前向关联与后向关联关系，从而推动本土关联产业、企业、部门的生产、技术、产值、人力资本发生变化，推动这些产业结构层次的提升。跨国公司到东道国投资生产需要本土企业提供原材料、半成品、零部件等投入品，跨国公司对需求的投入品有自身的要求，为达到这些要求，跨国公司会参与为其提供投入品的本土企业建立生产基地、进行人员培训，也可能会提供生产线，这些活动必然会帮助前向关联部门的发展，产业水平的提升。外商投资企业生产的产品很大一部分销售给东道国的消费者、下游企业，这些产品内嵌的先进技术、设计思路、包含的人力资本以及先进管理经验也随着产品转移到下游企业，这是外商投资产生技术外溢效应的表现，如前所述 FDI 的技术外溢效应有助于东道国整体产业升级。而下游企业通过研究、分解跨国公司的产品，琢磨其内部构造与生产工艺，甚至在这个基础上进行自主研发、创新。

（五）竞争效应

外商直接投资的进入会打破东道国原有的市场结构，带来新的竞争与活力，促进东道国产业结构整体升级。外资企业的进入凭借先进的技术与经营理念占领东道国的市场，与本土企业形成竞争关系，这对于东道国来说未尝不是一件好事。按照 Smith 的观点，竞争能够协调社会经济，他说：“一件事情若对社会有益，就应当任其自由，广其竞争。竞争越自由，那事情就会越有利于社会。”为了能够分得市场份额，在竞争中不被挤出市场、不被淘汰，本土企业必须想办法提高自身的竞争力、改善经营管理、提高技术水平、投入研发、提高劳动生产率，从而提高东道国产业发展水平。由于规模经济、政府管制、原料控制或者自然垄断的因素，一些企业形成垄断地位，凭借垄断地位获取垄断利润，造成社会福利损失，甚至一些垄断企业生产效率低下，完全靠高进入壁垒获利，外商投资企业进入在一定程度上打破垄断，这些企业丧失了原来的优势地位，迫使其产业升级，结构调整以提高资源配置效率，在市场经济中得以生存发展。

（六）FDI 带来的消极影响

外商直接投资在促进东道国产业结构升级同时也有可能阻碍东道国产业结构升级。外商投资在区域和产业分布方面呈现不平衡的特征，大部分外商直接投资分布在东南沿海发达地区，中西部外商直接投资额占比较低。在产业分布上，外商直接投资多投向劳动密集型产业，跨国公司进行海外投资，无非是与当地廉价劳动力相结合，迅速赚得钵满盆满。对第一产业等基础性行业，以及高新技术行业外资进入的比重低。

外商投资企业为了保持其竞争优势，可能会采取“压制”技术外溢的策略，这不利于东道国学习外资企业的先进技术。比如外资企业会收购本土企业的研发机构，将技术溢出的外部性效应内部化，控制住核心技术，阻止技术外溢，还可能采取相关产业链“自我繁衍”战略，从而保持自己的竞争优势，这样就无法对东道国产业结构优化升级起到积极影响。图 3－2 表示外商直接投资对东道国产业结构优化升级的作用机理。

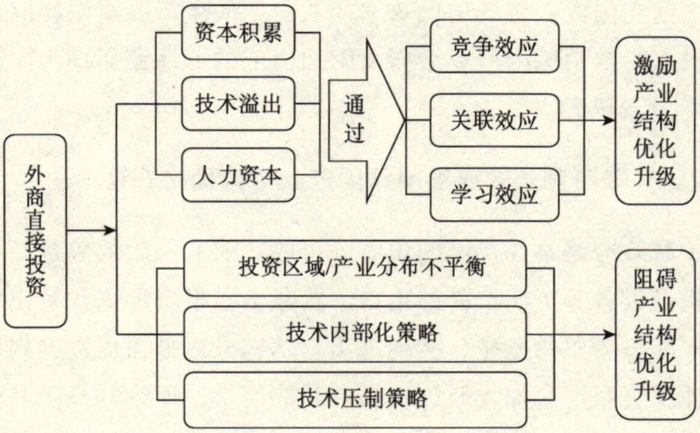

图 3－2　FDI 影响东道国产业结构优化升级的机理

二、对外直接投资（OFDI）对母国产业结构影响机理

经济全球化迅速发展背景下，对外直接投资的流向不仅仅限于发达国家向发展中国家，目前发展中国家对外进行跨国投资已成为常态，中国作为发展中国家，在入世之后对外投资发展势头迅猛，本书重点分析诸如中国这样的发展中国家，向国外进行跨国投资会对母国的产业结构以及经济发展有何影响，影

响的机制是什么。

（一）通过转移效应激励产业结构优化升级

日本经济学家小岛清（Kiyoshi Kojima，1978）提出的边际产业转移理论是解释一国进行对外跨国投资的理论基础。他认为一国对外直接投资要从该国已经处于比较劣势产业或者说边际产业入手，将母国的边际产业转移到其他国家，在这些国家转移进入的产业反而是具有比较优势。这样的发展路径不仅有利于母国产业结构优化升级，也有利于东道国产业结构升级，是一种双方共赢的选择。产业结构转型升级也是淘汰边际产业，给新兴产业腾出发展空间的过程。通过对外直接投资可以把母国夕阳产业，以及产能过剩的产业转移出去，国内的劳动力、资本等要素得以重新配置，而核心技术留在国内，为国内的优势产业、朝阳产业的发展释放空间，避免过度竞争，从而推动优势产业的发展。比如东南亚国家菲律宾有着丰富低价的劳动力资源，现已经逐步取代中国成为世界工厂，随着国内劳动力成本的提高，可以把部分劳动密集型产业转移到菲律宾，按照比较优势原理这样的选择对母国与菲律宾都有利，随着产业的国际转移，之前在国内被传统的低效率产业占据的生产要素被释放出来，集中往新兴产业投入，推动国内产业结构由附加值低的劳动密集型为主向附加值高的技术密集型为主转变。

（二）通过关联与竞争效应影响母国产业结构优化升级

这里的关联效应是站在母国的角度分析的。前向关联效应是指对外直接投资能够拉动机器设备等中间产品的出口，实际上以投资形式代替出口，能够达到规避关税、配额等贸易壁垒，实现进出口结构升级进而促进国内产业结构调整。同时对外投资生产会加大对国内投入品的需求，而且对投入品的生产技术有一定的要求，这会刺激国内上游企业扩大生产规模，提高产品的生产技术。对于后向关联效应，通过对外投资能够利用东道国丰富的劳动力资源以及自然资源，把劳动密集型、资源密集型产业转移出去由东道国的下游企业生产，比在国内下游企业生产节省成本，而且能够释放在国内生产使用的部分生产要素，把这些生产要素集中在国内下游企业，提高其专业化生产水平，实现国内产业升级。比如非洲很多国家拥有丰富的煤炭、矿石等自然资源，但是他们开采技术落后开采效率极低，造成严重的浪费与环境的破坏，中国在自然资源丰富的非洲国家进行对外直接投资的主要动机是寻求价格低的自然资源，属于典型的资源寻求性对外投资。这样的投资一方面会加大对国内开采机械设备的需要，产生前向关联效应带动母国上游产业的发展，另一方面能以低于国内生产成本获取自然资源返回到母国，降低了母国使用这些自然资源生产的下游产业生产成本，提高其生产效率，产生后向关联效应，把节约的生产成本用于研发支出，又能进一步提高母国的生产技术水平，加快母国产业结构升级的速度。产业竞争效应是指对外直接投资企业面临东道国本土企业的竞争，为了能够与东道国本土企业争夺市场份额，在竞争中取得优势，需要不断进行技术创新，提高生产效率、降低生产成本，通过逆向技术溢出效应促进母国整个产业优化升级。

（三）产生反向技术溢出带动母国产业结构优化升级

技术作为一种生产要素在研发与使用中会对其他企业甚至全社会产生积极的影响，或者说产生正的外部效应，这种正的外部效应就是技术外溢效应。国际贸易、外商投资都会产生技术外溢效应。通过进口技术含量高的产品，本土企业学习、模仿，或者对产品进行研究从而吸收产品所内嵌的先进技术，外商投资企业与本土企业进行技术合作，技术互动，或者在东道国设立研发机构，通过这些途径产生技术外溢效应，这类技术外溢效应与外商投资和进口的方向是一致的，称为正向技术溢出效应，或者说是顺向技术溢出效应。技术落后的发展中国家向技术领先的地区进行对外投资，获取东道国的技术研发，以提升自身的生产效率，再通过公司内部渠道转移回本国内的母公司，通过关联效应，学习与示范效应带动国内其他企业、其他产业提升生产效率与技术水平，技术溢出的传导方向与投资方向相反，称为反向或者说逆向技术溢出效应。

中国对外投资国家包括一些经济水平高和新兴的市场国家，中国对这些国家的直接投资产生的逆向技术溢出效应带动国内技术水平的提升、产业结构的升级。这样的反向技术溢出效应是通过吸收研发要素，返回母国研发成果；人力资本流动实现带动母国产业结构升级的效果。中国跨国公司的国外子公司向技术领先国家进行对外直接投资，这些海外子公司会嵌入到所投资国家的高新技术与研发资源聚集的区域，通过合作研发、技术互动、共享研发资源、人员的交流等途径吸收要素，再由公司的内部渠道带回到母国；或者应用吸收到的研发要素来研发新的产品、新的技术，提高生产效率，再将研发出的成果返回到母国，从而带动母国产业技术水平。对外投资通过人力资本的流动将技术溢出的正外部效应带回母国。跨国公司通过绿地投资、跨国并购与战略性技术联盟三种形式进行对外直接投资，跨国公司的工作人员通过与被兼并企业或者是合资企业的核心技术员工交流、学习，或是通过战略技术联盟的方式提高人力资本水平。在跨国公司，员工的国际流动很普遍，高素质的员工或管理人员由海外子公司回到国内母公司工作，就把对外投资技术溢出的正外部效应带回到母国，进而提升母国的产业发展水平。图 3－3 把 OFDI 影响母国产业结构优化升级的内在机制表示出来。

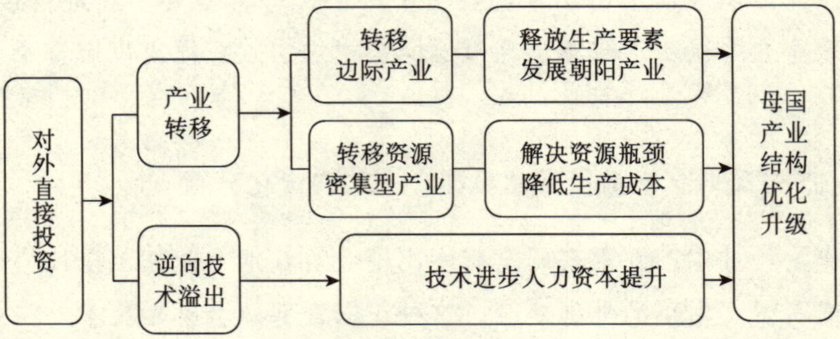

图 3－3 OFDI 影响产业结构优化升级机理

第三节 对外贸易与对外投资影响产业结构优化升级机理

对外开放包括多方面的内容，如前所述，本书研究其中的两个主要方面——贸易的开放和投资的开放。通过贸易的开放扩大了市场，提高了专业化生产水平提升人力资本水平，产生技术溢出效应，这些因素都是促进产业结构升级优化所必需的。投资的开放包括外国资本的流入也就是外国企业在本国的投资（FDI），本国资本的流出也就是本国企业在国外的投资（OFDI）。外商直接投资弥补了东道国资金的缺口，提高资本积累水平，带来人力资本流动效应，产生技术溢出效应，通过与本土其他产业的关联、竞争推动东道国产业结构升级。通过对外直接投资把母国处于成熟产业、衰落的夕阳产业、比较劣势的边际产业、产能过剩的企业生产转移出去，技术寻求型的对外直接投资能逆向影响母国技术水平的提升。改革开放至今，中国外商直接投资迅速增长，入世之后中国的对外直接投资发展迅猛，中国在跨国资本方面具备母国与东道国的双重身份，双边对外投资激励中国产业结构优化升级。

从1978年改革开放，到2001年加入WTO组织，再到2013年提出“一带一路”倡议，中国对外开放的过程伴随着制度变迁，中国的改革过程是一种渐进式制度变迁，从农村再到城市，从增量再到存量，从体制外再到体制内，改革开放进程一步步推进，制度变迁为开放的连续性提供制度保障，反过来说，对外开放也推进制度变迁。开放为制度变迁提供内生变量，当中国与全球国家进行贸易往来，与国际社会进行广泛接触时，会发现传统体制或者说国内旧制度与国际社会经济运行规则出现矛盾，这必然会提高制度变迁的主动性，增强制度变迁的意识需求。对外开放带来的市场扩大，思想的解放，意味着资源配置空间、方式发生根本性的变化，对外开放使我们置于国际市场的竞争，来自国际竞争的压力与国际先进经验的冲击会迫使我们微观经济制度、交易治理制度、宏观管理方式等领域制度的改革迫在眉睫。对外开放加快制度变迁进而缩短中国现代化进程，先进的制度带来的交易费用的节约，生产效率的提高，资源配置效率的提高都对产业结构优化升级产生正向激励。把对外贸易与双边对外投资促进产业结构优化升级的内在机理进行梳理，形成系统性理论框架图3－4。

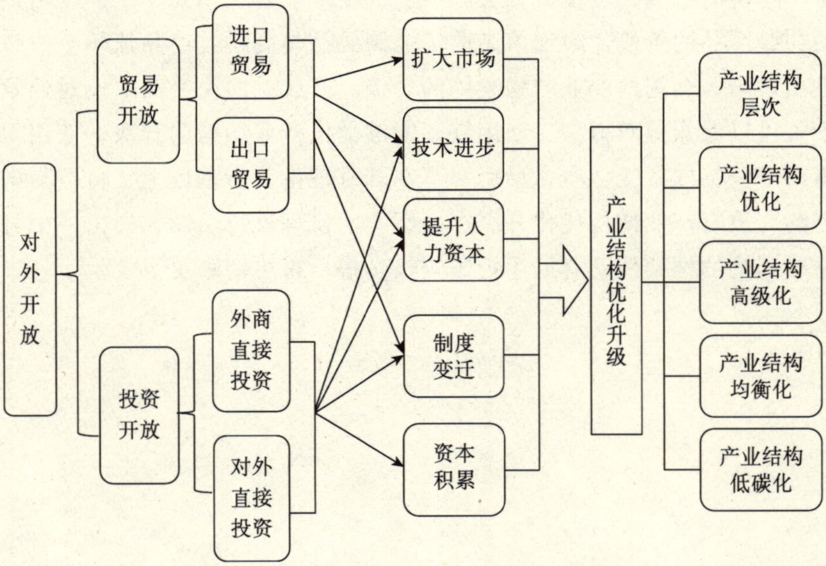

图3－4 贸易与投资的开放对产业结构影响机理

第四节 本章小结

本章论述开放影响产业结构优化升级的理论机制。对外开放包括很多方面，限于篇幅以及达到分析有重点而不是撒胡椒面式分析的目的，本书的对外开放讨论对外贸易与双边对外投资两个方面。国际贸易改变各国的相对价格进而改变各国资源的配置效率，贸易直接或间接促进技术进步，提高进出口国的生产效率，贸易能够拉动一国总需求规模，改变需求结构，增加一国的供给，进而影响贸易国的产业结构。双边国际资本流动对母国与东道国产生资本积累效应、技术外溢效应、产业转移效应、人力资本效应，通过产业的前向、后向关联、产业内产业间的竞争、人力资本国际流动等途径影响到母国或东道国的产业结构。双边对外投资与国际贸易对一国的产业结构的影响具有两面性，FDI 挤占东道国的国内投资，还可能形成技术垄断，OFDI 可能会造成母国产业空心化；某些进出口贸易对产业结构的影响是负向的情况。有些国家长期处在全球产业链的低端，自主研发又跟不上，结果就是长期处于生产、出口低附加值的初级产品的阶段，附加值高的工业制成品与高科技产品依赖于进口，这样的进出口结构会制约产业结构整体的升级。开放的两个方面——对外贸易与对外投资可以看作是双刃剑，使用好了能够助推产业结构的升级，使用得不合理会阻碍产业结构升级。本章最后一节在既有理论分析基础上，将贸易的开放与投资的开放对产业结构优化升级产生影响的机理进行总结，提出一个开放对产业结构影响的框架图，有助于把影响机理揭示得更清晰更系统。

第四章

开放条件下中国产业结构描述性统计和分析

本章首先归纳总结中国对外开放的总体发展历程，接着分析对外贸易、外商直接投资以及中国对外直接投资现状，然后从产值结构、就业结构两个方面分析产业结构现状与特征，最后从反映产业结构优化升级几个维度的统计指标分析产业结构合理化水平，这些直观统计分析贸易与投资的开放，以及产业结构的基本事实特征是下一步分析开放对产业结构优化升级影响的基础。

第一节　对外开放发展历程

以 1978 年十一届三中全会为标志，中国进入全新的改革开放时期，与之前计划经济时期对外开放程度低，处于基本封闭状态不同，改革开放的稳步推进给了中国结构调整一个新的方向。自此，对外开放的演变成为推动中国经济转型与产业结构优化升级重要推动力量。

一、20 世纪 80 年代：对外开放探索期

20 世纪 80 年代是中国对外开放的探索阶段，率先发展沿海经济特区的改革试点，为中国经济发展注入了新活力。广东和福建两省于 1979 年率先实施开放政策，将特殊政策运用到对外经济中，并采取灵活应对的措施。在紧接着的 1980 年，深圳市、珠海市、汕头市和厦门市四地设为首批经济特区，承担

着中国实施对外开放战略的示范基地作用。在整个20世纪80年代，中国对外开放战略在沿海地区呈现出由点到线，再由线到面的分层次拓展局势，并为进一步的改革开放奠定了较为完善的沿海开放格局。中国凭借劳动力资源禀赋优势，在这一时期积极推进劳动密集型出口加工业的发展，以服装纺织为代表的国内轻工业实现较快发展。

二、1992—2000：对外开放推进期

从1992年起，一直到2000年为止，这一阶段中国大力将对外开放战略向纵深化推进，并基本形成了全方位的开放格局。邓小平在1992年的“南巡”中提出了对外经济发展的一系列新思想，即生产力标准和三个“有利于”等重要思想。1994年召开的十四届三中全会，不仅将建立社会主义市场经济体制作为重要的战略部署，还提出了中国在新形势下的经济社会发展要符合“发展开放型经济，与国际互接互补”的新要求。浦东新区的开发吹响了这一时期中国对外开放发展的号角，紧接着对外开放政策在全国范围内全面推进实施，尤其是沿江和沿边的开放发展将中国对外开放的战略由沿海地区向内陆地区纵深推进，使得对外开放的全方位区域发展格局进一步完善。中国在这一时期着力实施一系列推进扩大开放的鼓励性举措，使得贸易结构得以不断优化，不断提升中国在国际分工中的地位，国内经济逐步摆脱计划时期的短缺经济，建立起以家电等为代表的劳动密集型加工制造业。

三、2001—2007：对外开放快速发展期

中国在经历了长达15年的艰难谈判，于2001年12月11日正式成为世界贸易组织（以下简称世贸组织或WTO）成员。此后，中国的对外开放格局发生巨大变化，不再受到范围、地区和领域的有限性制约，不断向全方位、多层次和宽领域发展；由政策性的试点开放，向法律保障下的制度性开放；由单向的自我市场开放，向与WTO成员间的双边市场开放转变；由对国际经贸规则的被动接受开放，向对国际经贸规则的主动参与制定开放；由对协调经贸关系的双边磋商机制下的开放，向结合多双边机制并相互促进的开放转变。显然，中国对外开放的格局深受这些变化的影响，开辟了中国参与经济全球化的新途径，并拓展了中国经济社会发展的空间。这一阶段也是中国对外经济格局对国内经济转型升级影响最大的一个时期。国际贸易成为中国经济增长的重要源泉之一，2007年出口的GDP占比达到了1978年的8倍多，为37.5%。相关统计

数据显示，自 2005 年之后，GDP 中货物和服务净出口的贡献均超过了 20%，对经济增长的拉动效应平均为 2.4%。对外贸易为 8000 万劳动力创造了直接就业机会，且外商投资企业规模的增长，为超过 4200 万劳动力提供了工作机会。中国于 2007 年在制造业增加值领域超过美国和日本，成为世界第一。

总之，上述中国在三个阶段里对外开放存在程度和范围的差异，但本质上存在一些共同的特征，可以将这些时期划为对外开放同一模式之下。表现在以下两个方面：

第一，从资源配置角度来看，中国之前面临的开放局势是以贸易为中心，且被动的单方面开放。资本较为稀缺，劳动力、土地等其他生产要素相对便宜，FDI 净流入与国际顺差净流入成为常态。中国在全球贸易中的进出口占比排位，自 1978—2007 年上升了 20 位，跃居世界第 3 位，其中出口居于世界第 2 位。中国不仅成为世界上外汇储备最多的国家，同时也是发展中国家吸收外资最多的国家。

第二，技术进步以引进式技术进步为主。相对于原生性自发的自主创新技术进步方式，引进的技术具有风险小、见效快的特点。这是中国改革开放以来工业化快速推进的重要原因。在技术引进上，结合自身实际发展水平和需求积极引进符合国情的适用性技术与重大技术装备，使得国内一些技术领域的空白得以弥补。在吸引外商直接投资上，FDI 的外溢效应对中国的管理、技术和市场等多方面产生了良好的正外部性。

四、2008—2012：对外开放进入新的探索期

2008 年金融危机之后，世界经济格局发生了重大变化，中国对外开放模式与国内转型升级模式的关系随之进入新一轮探索期。从过去的借力依附世界市场，到如今成为影响甚至代表世界市场的一份力量，中国与世界的关系正在发生全面而且深刻的变化，原有的对外开放模式难以适应。

（一）“中国制造”面临新的挑战与机遇

中国成为世界最大的制造工厂，但制造产业趋同日益严重，“继承性技术”创新面临重大挑战。一方面，为了规避 2008 年金融危机风险，中国政府推出“四万亿”经济刺激措施，使得国内工业得以迅速恢复发展，中国成为世界最大的制造业工厂。在工业规模领域，中国于 2010 年首次超过美国（以美元衡量），目前已 1.3 倍左右于美国的水平。工业生产结构与大规模开发阶

段需求特定契合度更高。工业制造规模显示一个国家制造业的发展程度，结合大规模的开发阶段，说明中国制造业在体量层面和质量层面均以具备“走出去”的能力和实力，对全球经济发展贡献更多力量。中国除了在制造业领域之外，建造业也具有突出表现，从21世纪初的对外承包工程完成额不足100亿美元，增加到2017年的1400亿美元。21世纪初承包工程年末在外员工数仅有5万多人，上升至近年30多万人。同时，在工程建造、大型设备、高铁等领域的标准创造、技术集成创造、产品创造等能力得到了良好的提升。

另一方面，引进式技术进步下，不同区域的产业结构同质化竞争日益严重。采用中国2013年的产业相似性系数，并以此对中国31个省市的产业结构相似性进行度量。仅有海南省、黑龙江省、西藏自治区的产业结构不存在同质化现象，而其他省市产业结构均在一定程度上存在同质化现象，这表明大部分地区在对外开放进程中，引进和利用外商投资时并没有考量本地区经济社会发展的实际情况和资源禀赋优势，存在盲目性，而且在处理对外贸易上缺乏主动权，主要是进行内部的区域性贸易出口竞争，没有贸易协同性。一般而言，只要两地区的产业结构相似度系数大于0.8，就认为两地存在较大的产业竞争压力，如果两地区存在相同的社会发展背景和资源禀赋优势，那么即使是存在较高的产业结构相似度，也是正常的，但是如果两地区面临着不同的发展局面和资源禀赋优势，盲目引进外资进行产业投资和对外贸易，即使短期内能够产生一定的效益，但是较高的产业结构相似度预示着本地区产业发展在长期内存在隐患，无法发挥本地区资源禀赋优势，产业升级转型会由于较大的不相匹配的沉没固定资产成本而举步维艰。2013年的数据显示，山东省、安徽省、四川省的产业竞争压力最大，因为这三个省份的产业结构与九个及以上的其他省份产业结构存在高于0.8的相似度，表明这三个地区的产业结构存在严重的问题，产业结构转型升级面临着较大的困难，在可预见的发展阶段，三地的产业结构调整会落后于其他地区，不利于长期的经济社会发展。但是海南省、河北省、黑龙江省、新疆自治区和西藏自治区的产业结构相似度较低，表明这五个地区能够进行快速的产业结构调整，充分发挥本地区的资源禀赋优势，但是较低的产业结构相似度也并不完全意味着地区产业结构发展的合理性，因为某些地区的产业结构相似度较低可能是由于自身的经济发展水平较低，或产业结构较为单一而造成的。海南省、黑龙江省和西藏自治区的制造业与其他任一省市的相似度系数均低于0.8，与河北省、新疆自治区制造业相似度系数高于0.8的省份都仅有一个（见图4-1）。

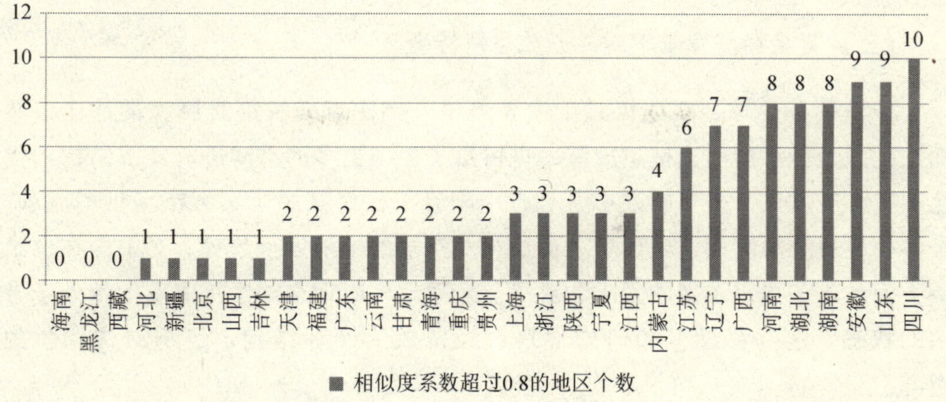

资料来源：WIND 数据库，民生证券报告。

图 4－1　全国 31 省份产业相似度系数

（二）“中国资本”向相对富裕转变

中国资本储备规模庞大，资本的稀缺性大大降低，但由于劳动力规模的下降（可能与最近一次“人口潮”形成的人口红利即将过去有关），土地和环境约束趋紧等其他因素的影响，大部分生产要素的成本已经显著提高了。中国的居民储蓄规模于 2008 年首次超过美国（以美元衡量），当前是美国居民储蓄的两倍多，较大的储蓄规模为工业投资提供了更大的资本空间。中国储蓄水平在 2008 年得以大幅度提升，使得中国的投资水平于 2010 年超过了美国的投资水平，即表明中国的固定资产形成额超过了美国。虽然近年来受到人民币汇率波动的影响，中国的外汇储备大幅度降至 3 万亿规模水平，但这一水平仍然居于世界第一。中国在国民储蓄和国家储备层面均由相对资本稀缺向相对资本富足转变。

然而，除资本以外的土地、劳动、资源等其他生产要素的价格均呈上升趋势。德勤公司的相关报告表明，中国的劳动力成本在 2005—2015 年的 10 年间上涨了 5 倍，较 1995 年的水平更是高涨了 15 倍。中国的劳动人口（15—64 岁）规模年增长率于 2015 年首次变为负数，预期到 2030 年，中国年轻人口（15—39 岁）占比将可能比 2013 年降低 10 个百分点，为 28% 的水平，中国政府为应对人口下降而实施的全面“二孩政策”，至今来看并没有达到预期效果，中国新生儿出生率还在进一步下滑，2017 年的新生儿较 2016 年整体少了 20 多万人，中国在不久的将来可能会由劳动力大国转向劳动力短缺国。

（三）富余经济背景下对外开放思路转变

2008年的全球金融危机对于世界上每一个国家来说都是巨大的冲击，然而正是因为经济的增速被迫放缓，也留给了中国更多的空间进行经济结构的优化调整，经过三十多年的改革开放，中国经济已经摆脱了卖方市场供不应求、经济极度短缺的时期，转而进入供给相对富余的经济运行趋势，对中国在供给侧方面的改革提出了新的要求和挑战。金融危机时期全球经济事实上都处于富余的状态，这一背景下如何处理富余经济成为产业结构、经济结构调整的重心。

为了能够尽快实现产业结构的调整，更有效地利用外资，并稳定对外贸易，这就要求中国在调整贸易的进出口方向上，首先是对进出口比例进行调整，并施行重启汇改的措施。在2010年7月，中国政府对出口退税政策做出了进一步的调整，施行“经济危机”后的首次反向调整措施，宣布取消包含部分钢材与有色金属加工材料在内的406个税则号商品的出口退税政策。取消出口退税的政策，直接就影响了相应品目下的消费税和增值税的商品价格比例，增加了商品出口成本，定向对于结构失衡的产业进行一次休克疗法，效果显著，这也体现了在经济结构调整过程中，政府以及政府所用工具的作用，例如财政政策的税收手段，都可以起到很好的作用。与此同时，中国于2011年在整体上调整了对外贸易政策，由之前侧重出口向出口和进口并重转变，提出了“稳出口、扩进口、减顺差”的指导政策，具体而言就是推进自贸区战略实施、对部分种类商品关税进行调整、进一步简化行政程序等。

五、2013年至今：对外开放新模式

中国之前的对外开放是以贸易为中心而且是单向被动的开放，这一局面自中国于2013年提出“一带一路”倡议时被打破，中国未来的对外开放将会以投资为中心且是双向主动的开放，资本将为商品走出去开辟新途径。其中，产能合作将成为资本带动贸易“走出去”的核心载体。

（一）对外开放空间切实拓展

“一带一路”倡议是利用国家本身的地缘优势，铺设一条沿线可视可控的对外发展格局，与之前在全球化背景下，大量的以“引进来”作为加工厂出口的时代大不相同，在这个新的过程中确立中国在区域经济的主导地位，利用

本身经济体量的优势，构建起一个实现区域经济和世界发展共赢的舞台。在此之前，中国的对外贸易对象主要集中于日韩、欧美等发达国家市场，这也是改革开放初期制定的对外开放发展的战略方针。从新时期的国家战略上看，全国开放的发展战略必须以扩大向西向南开放为支撑，“一带一路”倡议为中国向西向南开放的战略提供了新的途径，成为开启中国与内陆国家和沿海国家经济合作的新局面。就开放方向而言，“一带一路”倡议即是对海洋经济开放又是向陆路经济开放，同时兼顾海上和陆上两个区域；就布局而言，将中国的对外开放引申向西向南，尤其是将更多的发展中国家纳入到扩大开放的合作对象中，进而加深中国与欧亚地区国家经济合作，进一步拓展开放空间，形成全方位对外开放的海陆统筹新格局。

（二）在产能差异化基础上完成产能合作的对接

“一带一路”倡议产生的对外开放新模式强调在产能差异化基础上完成产能合作的对接，这是国家经济转型合作的一个创新性尝试。通过对于贸易产业格局的研究中我们发现中国与沿线国家在贸易竞争优势上存在互补，而且诸如工业制成品、机械设备运输这些资本密集型，需要技术支持与规模化生产的产品，在沿线国家存在普遍较高的需求，这些具有高度产业互补性的国家正是需要一个平台开展产能合作，充分利用互补国家之间的资源优势和市场空间，减少长距离、大规模的贸易带来的效率上的浪费。因此，将国内区域性富余产能的压力巧妙补充到制造业、工业水平较为薄弱的国家，既能带动东道主国家制造业的发展和就业水平的提高，也为中国发展潜力的开掘、产业结构的优化找到新路径。

第二节　进出口贸易现状分析

一、对外贸易规模

图 4 - 2 反映了 1994—2017 年中国进口与出口的变化趋势。总体上看，进口额和出口额虽然略有波动，但整体呈现出持续上升趋势，表明中国经济的发展与对外贸易存在紧密的关系，对外贸易增长较为快速的时期也是中国经济飞速发展的时期，对外贸易的短期波动也是中国经济发展出现短期波动的反映。

1994—2000 年，进口额和出口额表现出缓慢、平稳增长的趋势，由于这一时期中国的对外开放还处于实验和尝试阶段，且没有有效地融入到国际经济体系中，因此对外贸易发展受到限制，处于低水平发展阶段。2001 年中国加入世贸组织后，进口额与出口额都快速增长，表明已融入世界经济发展的统一体系中，为改革开放拓展了强大的外部市场，对外贸易实现了量的巨大突破，为中国经济社会发展积累了巨大的资本。但同时也要注意融入世界经济体系，既有其有利的一面也有面临风险的一面。2008 年金融危机对中国对外贸易产生冲击；2009 年进出口贸易额都出现下滑；到 2010 年迅速恢复，世界经济一体化进程的加快使得贸易各国的经济联系日益密切，这为局部风险的快速传导提供了途径。不同于以前年份，进口贸易与出口贸易的规模基本相同，出口贸易额略大于进口贸易额，2013 年之后，进口贸易规模和出口贸易规模同时扩大，出口贸易额增幅明显大于进口贸易额增幅，贸易顺差扩大。

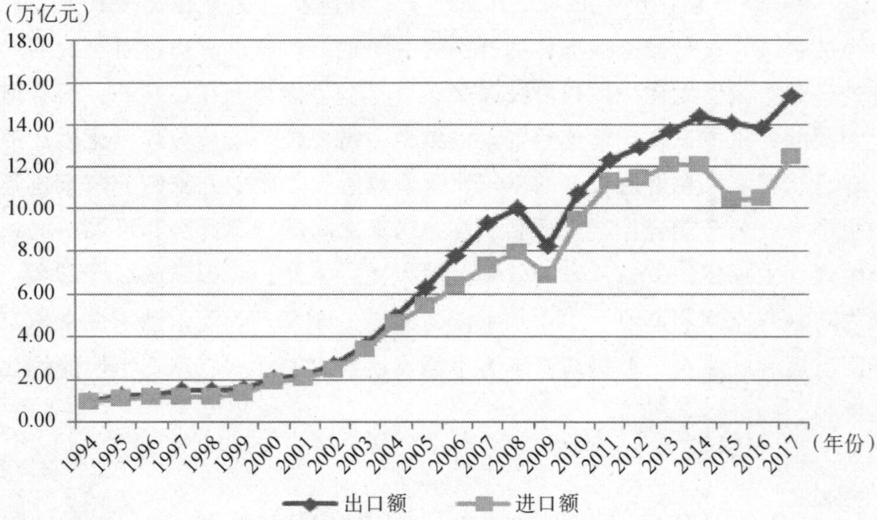

资料来源：《中国统计年鉴》。

图 4－2　1994—2017 年中国进、出口额变化

图 4－3 反映了 1994—2017 年中国进口依存度、出口依存度与外贸依存度[①]的情况。整体来看，2000—2017 年中国的出口依存度平均在 0.25，进口依存度平均在 0.22，外贸依存度平均水平为 0.47，表明中国对外贸易的依存度

① 进口依存度 $=\frac{\text{进口贸易额}}{GDP}$，出口依存度 $=\frac{\text{出口贸易额}}{GDP}$，外贸依存度 $=\frac{\text{进出口贸易额}}{GDP}$。

十分显著，中国经济的发展离不开对外贸易和双边对外投资。在 2006 年之前，中国的对外贸易增长强劲，进口、出口及进出口贸易占 GDP 的比重随之迅速攀升，特别是中国 2001 年入市之后，外贸依存度急剧提升，到 2006 年达到历史最高点 0.64，表明融入世界经济一体化为中国的经济发展提供了有利的外部市场环境，对外贸易成为拉动中国经济增长的有利推手。中国参与全球经济一体化的步伐加快，国际市场的需求成为推动中国经济增长的主要动力之一，中国的外贸依存度不仅远高于世界平均水平，而且远超美国和日本等发达经济体水平。这意味着中国产业结构的调整必须同时考虑国内和国外两大市场，过高的对外依存度会使得产业机构的调整存在外部风险和阻碍。较高的外贸依存度反映了中国对外开放规模、程度扩大的发展趋势。2006 年之后，中国的贸易依存度有所下降，到 2009 年降到最低点，随后略有恢复；从 2010 年之后进口依存度、出口依存度及外贸依存度渐渐减弱；2013 年出口占 GDP 比重 23%，到 2017 年这个比重为 19%；外贸依存度 2013 年为 43%，到 2017 年这个比重为 34%，外贸依存度减弱部分可归因于“一带一路”倡议推进降低了美国市场的重要性，加之国内内需强劲，中国对国际市场的依赖性降低，这降低了中国产业结构调整的外部风险和阻碍。

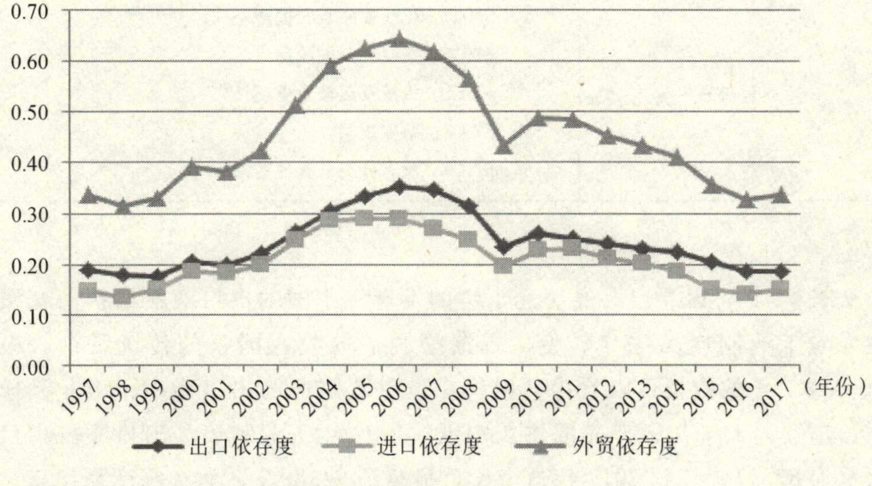

资料来源：根据《中国统计年鉴》数据计算得到。

图 4－3　1994—2017 年中国外贸依存度

二、对外贸易结构

（一）初级产品与工业制成品

国际市场商品结构按照加工程度，可分为初级产品和工业制成品。初级产品大多数是原料或者经过初加工的商品，科技含量相对较低，可替代性强；而工业制成品需要特定产业条件或者工序才能生产，科技含量相对较高，不容易被替代。表4-1列出按照国家贸易产品标准分类（SITC），初级产品及工业制成品包含的产品种类。

表4-1　SITC分类

一级	二级
初级产品	SITC0：食品及活畜 SITC1：饮料及烟草 SITC2：非食用原料（燃料除外） SITC3：矿物燃料、润滑油及有关原料 SITC4：动植物油脂等
工业制成品	SITC5：化学成品及有关产品 SITC6：按原料分类的制成品 SITC7：机械及运输设备 SITC8：杂项制品 SITC9：没有分类的其他商品

1. 出口情况

从表4-2可以看出，经历几十年的发展，中国的出口商品结构由初级产品主导向工业制成品主导转变，逐渐摆脱了低收入国家的传统特征。根据1994—2017年的数据可以看出，中国在世界范围内的出口额中，工业制成品的增长幅度远大于初级产品的增长幅度。1994年工业制成品出口额占出口总额比重为83.71%，到2017年这个比重提高到94.80%，而初级产品出口额占出口总额比重由1994年的16.29%，下降到2017年的5.20%。

2. 进口情况

从中国在世界范围内的进口数据来看，中国对于初级产品需求量的增长幅度超过了工业制成品需求的增长，从1994年的14.26%上升到2017年31.44%，而工业制成品的进口率则从85.74%下降到68.56%，这说明中国进

表 4-2 中国出口商品结构（1994—2017 年）

年份	出口额（亿美元）	初级产品出口额（亿美元）	初级产品出口占比（%）	工业制成品出口额（亿美元）	工业制成品出口占比（%）
1994	1210.06	197.08	16.29	1012.98	83.71
1995	1487.80	214.86	14.44	1272.83	85.55
1996	1510.48	219.25	14.52	1291.23	85.49
1997	1827.92	239.53	13.10	1588.39	86.90
1998	1837.12	204.89	11.15	1632.20	88.85
1999	1949.31	199.41	10.23	1749.90	89.77
2000	2492.03	254.58	10.22	2237.43	89.78
2001	2660.98	263.38	9.90	2397.60	90.10
2002	3255.96	285.40	8.77	2970.56	91.24
2003	4382.28	348.12	7.94	4034.16	92.06
2004	5933.26	405.49	6.83	5527.77	93.17
2005	7619.53	490.37	6.44	7129.16	93.56
2006	9689.78	529.19	5.46	9160.17	94.53
2007	12200.60	615.09	5.04	11562.67	94.77
2008	14306.93	779.57	5.45	13527.36	94.55
2009	12016.12	631.12	5.25	11384.83	94.75
2010	15779.32	817.16	5.18	14962.15	94.82
2011	18983.81	1005.45	5.30	17978.36	94.70
2012	20487.14	1005.58	4.91	19481.56	95.09
2013	22090.04	1072.68	4.86	21017.36	95.14
2014	23422.93	1126.92	4.81	22296.01	95.19
2015	22749.50	1039.77	4.57	21709.72	95.43
2016	20974.37	1049.81	5.01	19924.55	95.00
2017	22633.71	1177.33	5.20	21456.38	94.80

资料来源：中经网数据库。

口越来越侧重于对初级产品的进口，这与中国工业制造水平的提高有一定关系，制造水平的提高使中国工业制成品的部分需求可以由本国供给满足（见表 4-3）。

表 4-3　　　　　　中国进口商品结构（1994—2017 年）

年份	进口额（亿美元）	初级产品进口额（亿美元）	初级产品进口占比（%）	工业制成品进口额（亿美元）	工业制成品进口占比（%）
1994	1156.15	164.86	14.26	991.28	85.74
1995	1320.78	244.11	18.48	1076.68	81.52
1996	1388.33	254.41	18.33	1133.92	81.68
1997	1423.70	286.20	20.10	1137.50	79.90
1998	1402.37	229.49	16.36	1172.88	83.64
1999	1656.99	268.46	16.20	1388.53	83.80
2000	2250.94	467.39	20.76	1783.55	79.24
2001	2435.53	457.43	18.78	1978.10	81.22
2002	2951.70	492.71	16.69	2458.99	83.31
2003	4127.57	727.63	17.63	3399.96	82.37
2004	5612.29	1172.67	20.90	4439.62	79.11
2005	6599.53	1477.14	22.38	5122.39	77.62
2006	7914.61	1871.29	23.64	6043.32	76.36
2007	9561.15	2430.85	25.42	7128.65	74.56
2008	11325.62	3623.95	32.00	7701.67	68.00
2009	10059.23	2898.04	28.81	7161.19	71.19
2010	13948.29	4325.56	31.01	9622.72	68.99
2011	17434.84	6042.69	34.66	11392.15	65.34
2012	18184.05	6349.34	34.92	11834.71	65.08
2013	19499.89	6580.81	33.75	12919.09	66.25
2014	19592.35	6469.40	33.02	13122.95	66.98
2015	16819.51	4730.12	28.12	12089.39	71.88
2016	15874.77	4399.91	27.72	11474.86	72.28
2017	18437.93	5796.38	31.44	12641.55	68.56

资料来源：中经网数据库。

（二）劳动密集型产品与资本或技术密集型产品

初级产品与工业制成品进出口额的比重只是一个高度概括的总体指标，按照国际贸易 SITC 商品分类标准，把商品分成以下三类：资源密集型商品（SITC0—4）、劳动密集型商品（SITC6，SITC8）、资本或技术密集型商品（SITC5、SITC7）。资源密集型商品都是在初级产品包含的项目中，劳动密集型商品和资本或技术密集型商品都属于工业制成品，是工业制成品按照消耗要素种类划分的。劳动密集型产品生产过程中主要依靠大量劳动力，对技术和设备的依赖程度较低，劳动密集型产品主要是皮革制品、家具及零件、服装及衣服配件等。资本密集型产品需要较多资本投入，同时也需要一些复杂先进的生产技术，资本密集型产品主要是化学产品、电器设备仪器、车辆等。劳动密集型产品附加值较低，而资本密集型附加值较高。

1. 出口贸易结构

资源密集型商品出口额变动不大，呈现缓慢增长的趋势，出口额占比逐年下降，1994 年资源密集型产品出口额占比 16.29%，2017 年占比下降到 5.2%。劳动密集型和资本或技术密集型商品从入世后增长迅速，资本或技术密集型商品出口额由 2001 年的 1082.53 亿美元，占比为 41%，增长到 2017 年的 12236.22 亿美元，占比达到 54%（见图 4－4、图 4－5）。实际上中国资本或技术密集型产品出口额占比在 2004 年已经超过 50%，但是中国出口的资本或者技术密集型商品以初加工为主，一些需要高技术含量的核心零部件多数需要依靠进口，高科技产品的出口跨国公司占主导。通过这次打贸易战公布的数据可以发现，中国出口中有 2/3 是跨国公司在中国的企业组装的产品，核心的关键零部件是人家的，拿过来经过组装之后出口。劳动密集型商品出口额占比在 20 世纪 90 年代处于 60% 的水平，之后逐年下降，入世后到现在占比基本保持在 40% 左右。这反映出中国人口红利时代即将过去，过去中国穷，人口多，这就是竞争力，因为穷、因为人多，成本就低就具有成本优势，而现在越南、印度这样后开放的国家比中国更穷，工资更低，中国的成本优势已经不明显了。人口红利的逐渐消失加上老龄化趋势显现使得劳动密集型产业衰退成为必然。

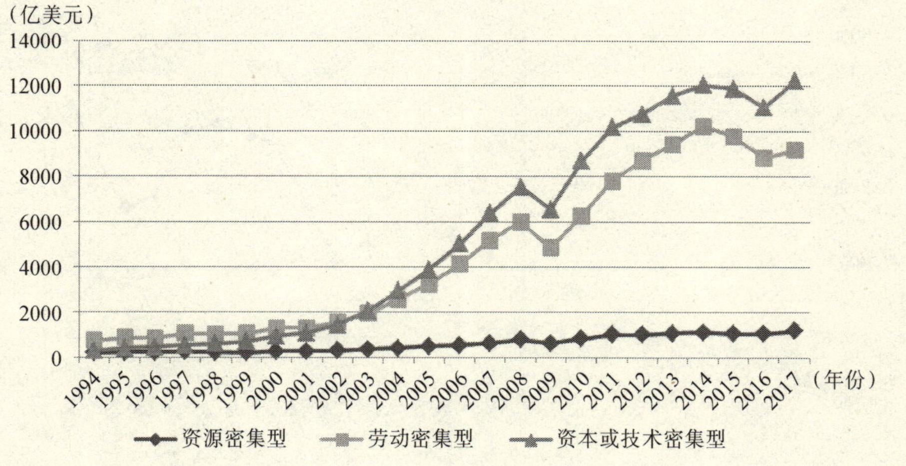

资料来源：中经网数据库。

图 4－4　各类商品出口额变动趋势（1994—2017 年）

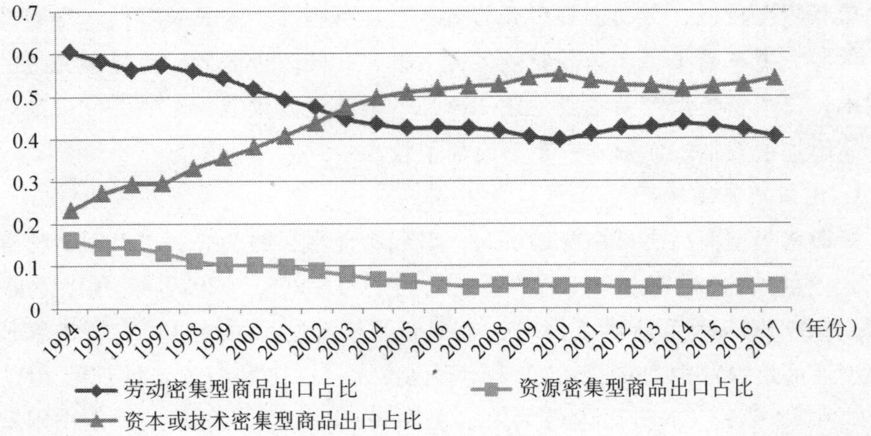

资料来源：中经网数据库。

图 4－5　各类商品出口额占比变动趋势（1994—2017 年）

2. 进口贸易结构

资源型商品进口额稳步增长，1994 年进口额为 164.86 亿美元，占比为 14.26%，2017 年进口额为 5796.38 亿美元，占比为 31.44%（见图 4－6、图 4－7）。资源型商品主要是润滑油，矿物燃油和有关原料进口额占比高。劳动密集型商品和资本或技术密集型商品进口额规模增长迅速，特别是 2009 年之后，均呈现较大幅度增长。劳动密集型商品进口额占比呈现下降趋势，资本或

资料来源：中经网数据库。

图 4－6　各类商品进口额变动趋势（1994—2017 年）

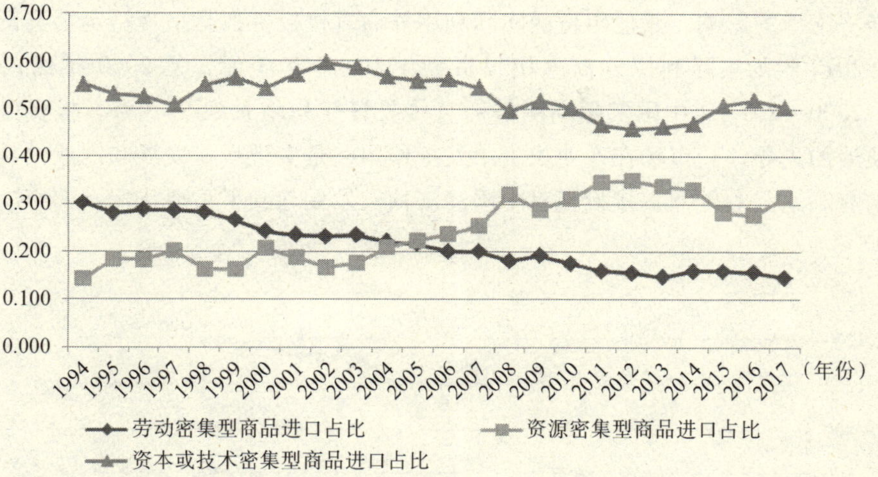

资料来源：中经网数据库。

图 4-7 各类商品进口额占比变动趋势（1994—2017 年）

技术密集型商品进口额占比略有波动，整体保持在 50% 左右。所有产品中进口额比例最高的产品是机械设备，从 1994 年到 2017 年，机械设备进口额占比基本都处于 40% 左右。中国进口商品集中在：机械设备、部分短缺能源与原料、高新技术产品。橡胶、轻纺织品、矿冶制品进口明显下降，表明中国在这几方面的生产水平日益提高。

从以上分析发现，中国出口资本或技术密集型商品大幅上升，但是以初加工产品为主，高科技含量的产品、核心技术零部件仍依赖于进口。劳动密集型产品出口占比在下降，人口红利时期即将过去。进口产品以机械设备、短缺能源以及高科技产品为主。对外贸易的确改变了中国的产业结构。

第三节 双向对外投资现状分析

一、FDI 现状分析

（一）外商直接投资规模

图 4-8 描述了 2000—2017 年中国实际利用外商直接投资的规模，从图中可以清晰地看出来这 18 年间，除了 2009 年受国际金融危机冲击，以及 2012

年经济下滑的影响，其他年份的实际利用外商直接投资都是呈现稳定上升的趋势。2017 年的实际利用外商直接投资额 1310.40 亿美元，是 2000 年的 3.21 倍，2000—2017 年中国实际利用外商直接投资年均增长率 7.10%。投资是产业发展的先导，让市场在产业投资中发挥作用，是实现产业发展和产业结构调整的有利途径。外商直接投资对中国经济社会发展起到了重要作用。

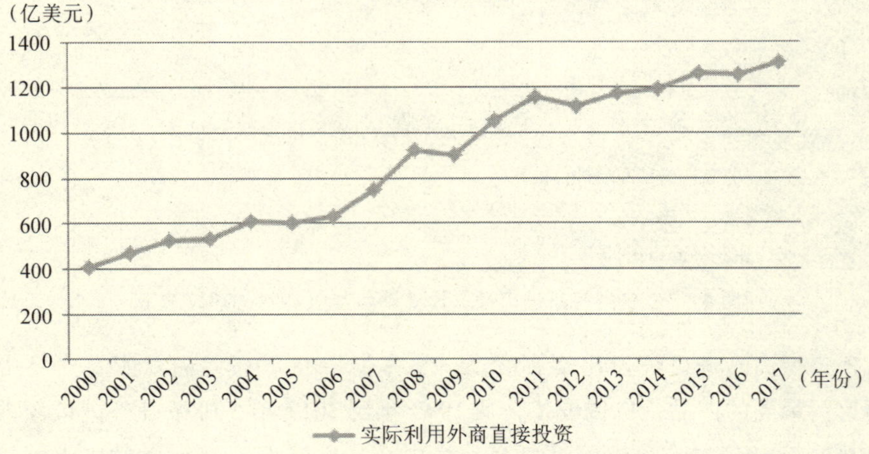

资料来源：《中国统计年鉴》。

图 4-8 1994—2017 年中国实际利用外商直接投资总量

图 4-9 反映出 2000—2017 年中国实际利用外商直接投资与 GDP、全国固定资产总投资的比重变动情况。2000—2017 年实际利用外商直接投资占 GDP 的比重平均为 2.10%，2000 年这个比值是 3.40%，2001 年是 3.50%，2002 年 3.60%，2002 年之后 FDI 占 GDP 的比重缓慢下降，到 2017 年，FDI 占 GDP 比重为 1.07%，表明随着中国经济社会发展水平的不断提升，中国自身的投资能力在逐步提升，外商直接投资对中国经济发展的作用部分被中国内生的投资能力所替代，中国凭借内生投资进行产业结构调整的能力在加强，应该有效整合外部资本和内部资本，提升产业投资能力，加快产业结构优化升级的步伐。从全社会固定资产总投资中外商直接投资占的比重来看，整体处于下降形势，2000—2017 年实际利用外商直接投资占全国固定资产总投资的比重平均为 4.50%，其中，2000—2008 年平均值为 7.10%，最高水平 10.40%；2008 年之后，基本保持在 2.00% 左右，变化不大；2009 年 FDI 占固定资产总投资比重为 2.70%，2017 年这个比值为 1.40%，表明外商直接投资对中国产业发展的作用在不断的下降，中国内生的产业投资水平在不断的提升，这也表明中

国产业结构调整的自主性能力在加强。结合图 4-7 和图 4-8 可知，中国实际利用外商直接投资的总体规模保持上升趋势，说明中国市场仍然是充满投资潜力的，外部资本对中国市场的投资信心在不断的加强，这为中国产业结构优化升级创造了良好的外部环境；而外商直接投资占 GDP 比重特别是占全社会固定资产总投资比重逐年下降，表明中国对国际资本的依赖性在减弱，内生资本能力在加强，为产业结构优化升级提供更坚实的内部资本支撑。

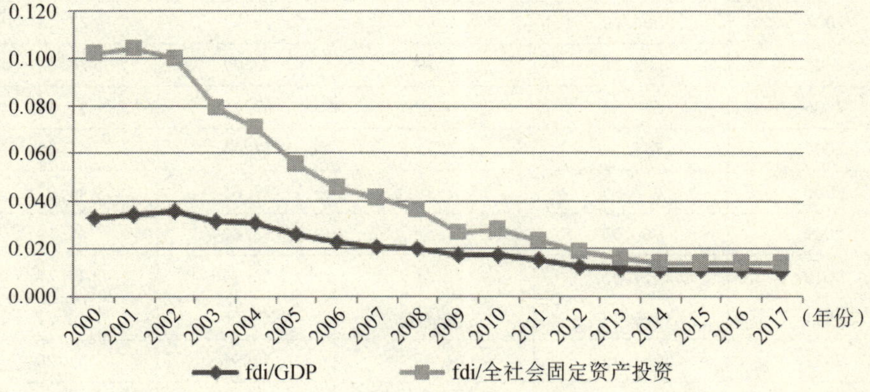

资料来源：根据《中国统计年鉴》数据计算获得，其中 FDI 按照美元对人民币汇率折算成以人民币为计量单位。

图 4-9 2000—2017 年中国 FDI 占 GDP 及固定资产投资比重

（二）FDI 的产业分布

1. FDI 在三大产业分布情况

到 2016 年，中国连续 23 年成为吸引外资最多的发展中国家，在 2014 年，甚至超过美国成为全球吸引外资最多的国家。表 4-4 描述 2004—2016 年中国实际利用外商直接投资在三大产业的分布情况，由于 2004 年之前各产业吸引外商直接投资的数据缺少较多，因此分析的时间段为 2004—2016 年。从表 4-4 可以看出，2004—2010 年 FDI 在产业分布上表现为“二、三、一”特征，第二产业吸引外资最明显，投向第二产业的 FDI 占比最高，表明这一时期中国“世界制造中心”的地位在不断巩固，偏向于制造业的产业发展结构在不断的加强。从 2011 年开始，第三产业吸收的 FDI 占比超过了第二产业吸收 FDI 的占比，此后 FDI 在产业分布上表现为“三、二、一”特征，第三产业吸引的外商直接投资稳步上升，投向第二产业的 FDI 逐年下降，表明这一时期中国产业结构发展随着外商直接投资的产业选择变动发生转变，外商直接投资的产业选择变动是中国产业结构优化升级的映射和有利证明。虽然投向第一产业的FDI略有波动，但总体上占比不高，说明了中国的农业产业发展比较保守，对FDI的吸引力不强。

表4-4　2004—2016年中国实际利用外商直接投资产业分布

年份	实际利用外商直接投资（亿美元）	投向第一产业FDI比重（%）	投向第二产业FDI比重（%）	投向第三产业FDI比重（%）
2004	606.30	1.84	74.98	23.18
2005	603.25	1.19	74.09	24.72
2006	630.21	0.95	67.45	31.59
2007	747.68	1.24	57.33	41.44
2008	923.95	1.29	57.64	41.07
2009	900.33	1.59	55.62	42.79
2010	1057.35	1.81	50.94	47.25
2011	1160.11	1.73	48.05	50.21
2012	1117.16	1.85	46.96	51.20
2013	1175.86	1.53	42.16	56.31
2014	1195.62	1.27	36.75	61.97
2015	1262.66	1.21	34.53	64.26
2016	1260.01	1.51	31.91	66.58

资料来源：根据《中国统计年鉴》原始数据计算得到。

2. FDI在各行业分布情况

外商直接投资主要分布在第二产业和第三产业，在产业内部分布情况从表4-5可以看出。制造业、房地产业与租赁和商务服务业是吸收外商直接投资的前三名，表明外商直接投资是以获得高利润为导向的，也是竞争性市场投资模式的有力证明；但是2016年与2004年相比，这三个行业吸纳外商直接投资所占的比重变化很明显，说明随着时间的推移，各产业的发展情况在不断的变化，各产业的利润率发生了此消彼涨的现象，即产业收益率是引导投资的重要信号，同时也反映了中国市场结构的调整。在2004年，制造业吸纳的外商直接投资占当年外商直接投资总额高达70.95%，到2016年投向制造业的FDI占当年FDI总量的比重尽管仍然是排在第一位，但是降到了28.17%，表明制造业在中国的产业结构中仍然占据着绝对的优势，但是由于利润率的下降以及市场边界的不断拓展，制造业在产业结构中的地位有所下降。房地产业、租赁和商务服务业吸纳 FDI 占比由 2004 年的 9.81%、4.66% 上升到 15.6%、12.8%，表明这两个产业在产业结构中的地位有所上升，成为引领中国产业结构调整的重点领域。科学研究、技术服务和地质勘查业吸收外商直接投资所占比重明显上升，FDI 投向科学研究、技术服务领域通过技术溢出效应对产业结构升级有正向影响，表明中国产业结构调整正在由“量”转向“质”的提升过程中。农、林、牧、渔业等基础产业吸引外商直接投资的能力变化不大，2004 年，农、林、牧、渔业吸收到的外商直接投资占比 1.84%，到 2016 年这个比重仍然很低，下降为 1.51%，表明这些产业的发展不具有吸引力，还难以对中国产业结构优化升级发挥出重要作用。总体来看，2016 年外商直接投资在各行业的分布较 2004 年均衡了很多，反映出外商直接投资在市场经济资源配置的基础上，对中国产业结构优化升级具有重要引导作用，同时也反映了中国市场经济的发展过程，即是产业结构不断优化升级的过程。

表 4-5　　2004 年、2016 年各行业吸引 FDI 分布情况

行业	2004 年		2016 年	
	fdi（百万美元）	占比（%）	fdi（百万美元）	占比（%）
农、林、牧、渔业	1114.34	1.84	1897.70	1.51
采矿业	538.00	0.89	96.34	0.08
制造业	43017.24	70.95	35492.30	28.17
电力、燃气及水的生产和供应业	1136.24	1.87	2146.77	1.70
建筑业	771.58	1.27	2477.44	1.97
交通运输、仓储和邮政业	1272.85	2.10	5089.44	4.04
信息传输、计算机服务和软件业	916.09	1.51	8442.49	6.70
批发和零售业	739.59	1.22	15870.16	12.60
住宿和餐饮业	840.94	1.39	365.12	0.29
金融业	252.48	0.42	10289.01	8.17
房地产业	5950.15	9.81	19655.28	15.60
租赁和商务服务业	2824.23	4.66	16131.71	12.80
科学研究、技术服务和地质勘查业	293.84	0.48	6519.89	5.17
水利、环境和公共设施管理业	229.11	0.38	421.59	0.33
居民服务和其他服务业	157.95	0.26	490.38	0.39
教育	38.41	0.06	94.37	0.07
卫生、社会保障和社会福利业	87.38	0.14	254.11	0.20
文化、体育和娱乐业	447.76	0.74	267.32	0.21

资料来源：根据来自《中国统计年鉴》的原始数据计算得到。

二、OFDI 现状分析

（一）OFDI 规模

2014 年，西方发达经济体经济在运行过程中的分化加剧，发展中经济体的增长放缓，全球对外直接投资下降 16%，而中国在全球对外投资衰退的情况下，2014 年的对外直接投资额达到 1231.20 亿美元（见表 4－6），同比增长 14.20%，连续三年位列世界第三大对外投资国，表明中国经济社会的发展对世界经济的发展具有重要影响，纵然这一时期的世界经济发展形势错综复杂，但是却为中国产业结构优化升级提供了契机，通过对外直接投资能够推动本国的产业结构优化升级速度和质量。2016 年对外投资流量是 2010 年的 2.85 倍，2010—2016 年的年均增长速度高达 8.10%，2016 年中国首次成为对外投资数量最多的国家，中国对外直接投资能力得到了显著的提升，这有利于中国通过产业投资的选择加快本国产业结构优化升级的实现。

表 4－6　　中国对外直接投资情况

年份	境外企业数量（万家）	对外投资流量（亿美元）	同比增长（流量，%）	对外投资存量（亿美元）	同比增长（存量，%）
2010	1.60	688.10	21.70	3172.10	29.08
2011	1.80	746.50	8.50	4247.80	33.91
2012	2.20	878.00	17.60	5319.40	25.22
2013	2.54	1078.40	22.80	6604.80	24.16
2014	2.97	1231.20	14.20	8826.40	33.63
2015	—	1456.67	18.31	10978.65	24.38
2016	—	1961.49	34.66	13573.90	23.64

资料来源：商务部发布的《中国对外直接投资统计公报》。

（二）产业分布情况

2010—2017 年，中国对外投资规模稳步扩大，截至 2017 年末，中国对外直接投资的行业几乎涵盖了国民经济所有类别。3 个行业对外投资存量达到千亿美元以上，其中租赁和商务服务业占比高达 34.04%，达到 6157.74 亿美元；采矿业 1576.70 亿美元，在非金融对外投资当中排名第二位，占比 8.72%；批发和零售业 2264.27 亿美元，占 12.52%。仅这 3 个行业的对外投资存量就达到9998.71亿美元，占中国对外直接投资存量总额的55.27%，表明中国目前的对外投资产业选择偏向于租赁和商务服务业、采矿业、批发和零售业为代表的产业领域，反映了中国产业结构调整的方向是优先发展高附加值的第三产业和传统的第二产业，意味着中国对外直接投资的产业选择是与本国基本的产业结构相匹配的，产业结构优化升级的方向和着重点是鲜明的。

其他主要行业：制造业存量为1403.01亿美元，占比7.76%；邮政业、交通运输业和仓储业3个行业叠加存量达到547.68亿美元，占比3.03%；房地产业存量为537.55亿美元，占比2.97%；建筑业、装饰达到377.04亿美元，占比2.08%；电力、热力生产及燃气和水的生产和供应存量达到249.90亿美元，占比1.38%；软件和信息技术服务业包括信息传输业存量达到2188.97亿美元，占比12.10%；农、林、牧、渔业合计存量达到165.62亿美元，占比0.92%（见图4－10）。这一全类别覆盖的对外直接投资模式，是中国对外直接投资能力的展现，也是中国产业结构优化升级发展趋势的展现，对外贸易与对外投资是牵引中国经济发展和产业结构优化升级的重要途径，反过来，中国产业结构优化升级是有效利用国内和国外两个市场的贸易与投资的体现。

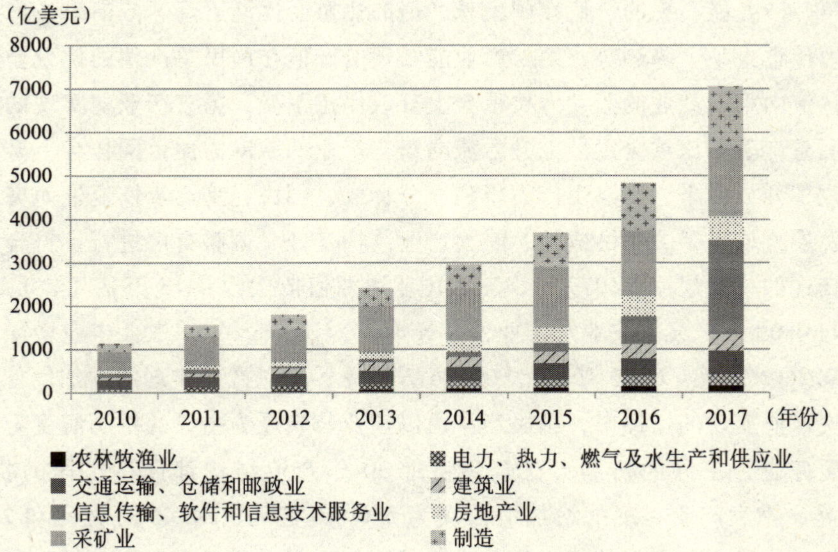

资料来源：中经网数据库。

图4－10　中国对外直接投资产业分布情况（2010—2017年）

第四节 产业结构现状分析

一、三大产业规模

（一）三大产业增加值稳步上升

随着经济发展，产业结构也会变迁和调整，而非一成不变，基本表现形式就是国民经济三次产业结构比例发生变化。促进产业结构升级，提高资源在产业配置效率已成为各个国家实现经济增长、结构优化的重要选择路径。产业结构的变迁是有其内在规律的，威廉·配第最早揭示产业间收入差异的规律性，后来克拉克在配第研究的基础上进一步指出随着国民收入提高，劳动力由第一产业向第二产业转移，当收入水平进一步提高，劳动力向第三产业转移。西蒙·库兹涅茨分析了众多国家的三大产业的数据样本，得出结论：随着经济发展，第一产业能实现的产值在国民总产值的比重会逐渐下降，流向第一产业的劳动力比重也呈下降趋势，第二产业能实现的产值在国民总产值的比重会逐渐上升，流向第二产业的劳动力比重会上升或保持不变，第三产业能实现的产值在国民总产值的比重会逐渐上升，流向第三产业的劳动力比重同样会上升。中国自改革开放以来，要素生产力得到充分释放，国民经济逐步恢复进而突飞猛进地发展，取得了瞩目的成绩，三大产业结构变迁、调整有序进行，符合产业结构变迁的一般规律。1979 年，三大产业增加值依次为 0.13 万亿元、0.19 万亿元与 0.09 万亿元，农业与工业占主导地位，到 1985 年，三大产业增加值依次为 0.26 万亿元、0.39 万亿元与 0.26 万亿元，第三产业实现的增加值首次超过第一产业实现的增加值，国民经济由以工业与农业为主导的格局演变为以工业和服务业为主导的格局，在此后将近 30 年产业结构都保持这样的状态。2012 年，三大产业实现的增加值依次为 5.09 万亿元、24.46 万亿元和 24.48 万亿元，第三产业实现的增加值首次超过第二产业实现的增加值，国民经济产业结构格局由第二产业和第三产业占主导演变为第三产业和第二产业占主导，这样的格局延续至今，第三产业增加值的提高有效印证了经济服务化的发展趋势。

图 4－11 描述 1994—2017 年中国三大产业增加值演变情况。总体走势显

示三大产业实现的增加值都呈不同程度的上升，2001 年之前，三大产业增加值扩张程度基本一致，2001 年之后差距拉大，工业与服务业增加值扩张速度明显超过农业增加值，2012 年之后服务业增加值扩张速度明显超过工业扩张速度，随着对外开放的不断深入发展，中国产业结构在不断的演变调整，不同时期的产业发展速度和规模存在差异，反映了对外开放增进产业结构调整的市场化倾向，即只有适应市场收益要求的产业才能够得到有效的发展，产业结构调整的方向必然遵循产业发展的一般规律。从增长率来看，1994—2017 年这 24 年间，三大产业平均增长率依次为 8.40%、11.91%、14.46%，服务业的平均增长率超过了工业增长率，更是大幅度超过了农业增长率，产业发展势头强劲，表明服务业是未来产业发展的重点。

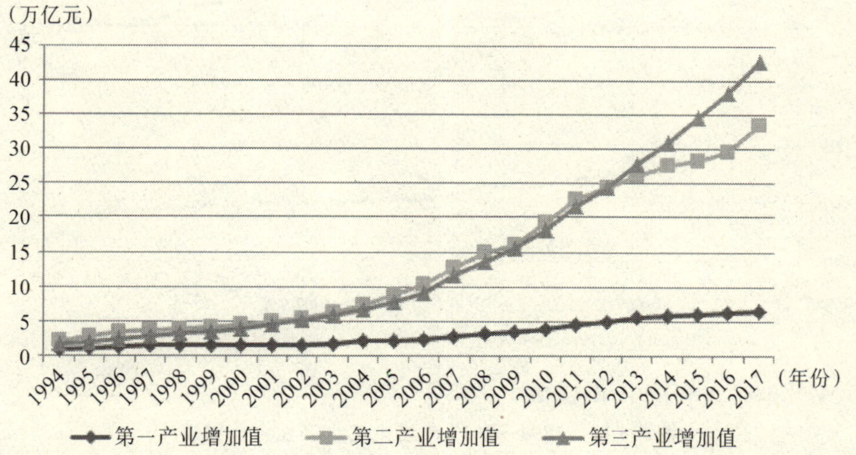

资料来源：《中国统计年鉴》。

图 4－11　1994—2017 年三大产业增加值

（二）三大产业增加值占 GDP 比重的变化

衡量产业结构调整的情况除了上述的三大产业增加值的变化，三大产业增加值占国民收入比重的演变也是考察的一个指标。图 4－12 描述国内三大产业增加值占 GDP 比重的变化。一般而言，经济发展水平提高使得消费者收入增加，收入的增加对消费品的需求会发生变化，满足温饱之后，消费层次自然会提升，对工业制成品、服务的需求增加，同时对外开放的步伐加快、规模扩大也带动产品生产需求结构、生产结构发生变化，产业结构发生变革。图 4－12 可以看出，第一产业增加值占 GDP 比重一直在下降，说明第一产业生产规模出现相对性的缩减，第一产业不是产业发展的重点方向，产业结构内的调整空间较小；第二产业增加值占 GDP 比重略有下降，基本保持平稳发展，说明第二产业仍然是国民经济发展的重点领域，较大的产业规模为产业内结构的调整留存较大的空间；第三产业增加值占 GDP 比重一直在上升，并于 2013 年超过第二产业成为国民经济的主导产业，说明近年来中国产业发展的重心由第二产业转向第三产业，第三产业成为产业发展的主导，第三产业将成为贸易和投资的重点领域，整体产业结构优化升级的层次感鲜明。

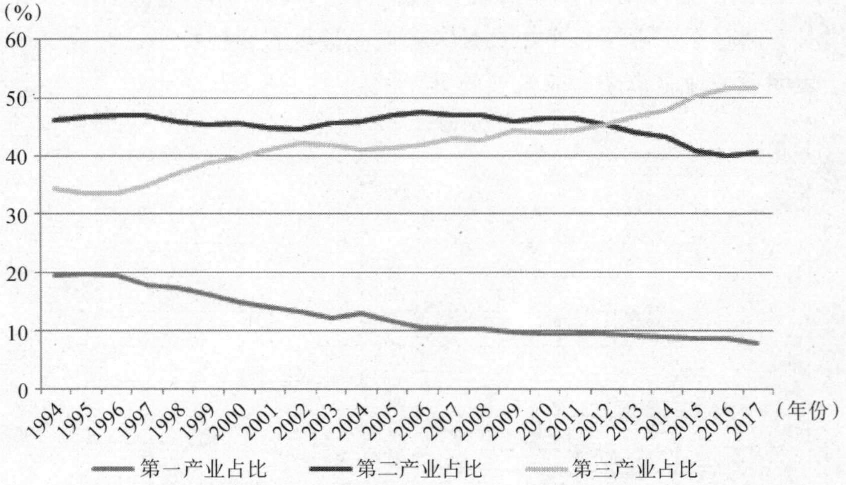

资料来源：历年《中国统计年鉴》。

图 4－12　1994—2017 年国内三大产业占比情况

二、三大产业就业结构现状

产业结构与就业结构具有双向的互为因果关系，产业结构变迁体现在劳动力在三次产业间的转移，而劳动力在产业间的分布决定产业结构状态。产业结构优化升级，落后产业会被淘汰，新兴产业会兴起，以前聚集在落后产业的劳动力等生产要素被释放出来，向新兴产业流动，生产要素配置优化进而推进产业结构优化，因为产业结构升级很大程度是要素结构驱动产业结构实现的（黄少安，2013）。另一个角度来讲，产业结构优化升级，通过产业之间的关联效应，产业之间与产业内部的竞争效应，流动性强的生产要素如劳动力就会向发展潜力大的产业配置，就业结构得以优化。

图 4－13 描述三大产业就业人员变动走势。第一产业就业人员规模在 2002

年之后保持下降趋势，第二产业就业人员规模在2002年之后呈上升态势，到2012年转为下降趋势，而第三产业就业人员规模一直呈现上升发展趋势，特别是2012年之后上升趋势十分显著，产业结构优化升级对劳动力要素的流动和转移具有显著的作用，同时从劳动力在产业间的流动方向也能够判断出产业结构优化升级的方向。在1978年改革开放之初，农业吸收劳动力规模达到2.83亿人，大大超过第二产业与第三产业吸收劳动力0.69亿人与0.489亿人的规模。这是因为1978年中国的经济发展水平低，农业是当时的主导产业，工业发展落后处于起步阶段，服务业更是处于萌芽阶段，农业自然成为吸纳劳动力的主要产业，那时劳动力就业结构呈现“一二三”格局。到了1994年，第三产业就业人员规模超过第二产业，成为吸收劳动力第二大产业，劳动力就业格局演变成为“一三二”，到2011年第三产业就业人员规模超过第一产业，成为吸收劳动力人数最多的产业部门。就业人数在三次产业间分布演变与库兹涅茨（Kuznets）所提出的产业结构与就业结构演变规律基本符合。

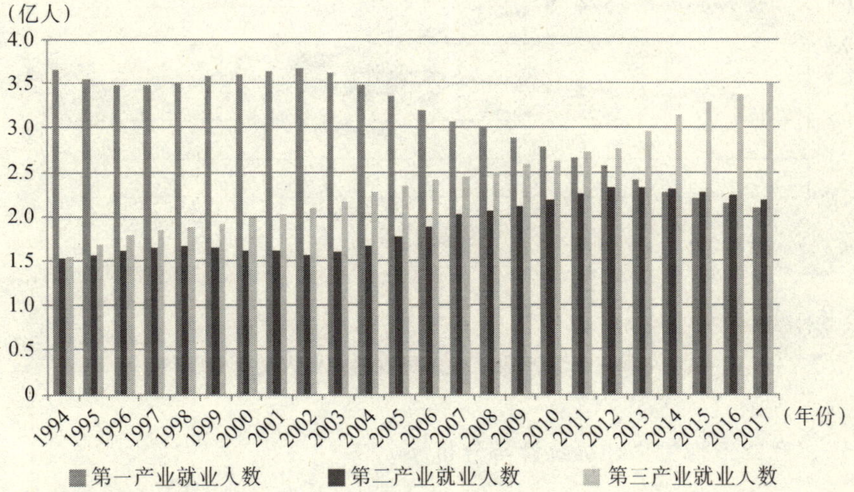

资料来源：历年《中国统计年鉴》。

图4－13　国内三大产业就业人数变动情况

从就业人员占全国就业人员总数之比的相对指标来分析，图4－14显示出三大产业就业人员占总就业人员比重的变化。第一产业就业人员占比除个别年份略有上升，整体显示下降趋势，表明第一产业由于缺乏产业内的结构调整弹性已然不是产业发展的优先考虑面；第二产业就业人员占比的变化路径如同一只大雁，2002年之前略有下降，之后上升，到2011年之后再次略有下降，表明第二产业在成为产业发展的主要领域后得到了快速的发展，但随着产业结构的优化调整，产业发展优势逐步下滑，意味着产业内结构调整的弹性由大变小；第三产业就业人员占比基本上属于一路扶摇上升走势，表明第三产业的发展潜力巨大，产业内的结构调整弹性较大，容易通过产业结构调整和产业内结构的调整实现转型升级，自然越来越成为产业结构调整的重点领域。在1978年，农业领域的劳动力占总劳动力人数的70.53%，这意味着农业部门吸纳了70%的劳动力，这时候中国的产业结构是以农业生产为主的经济落后国家。随着经济发展水平提高，这种就业结构随之演变。1994年，服务业部门就业人员占总就业人员比重为23%，略高于第二产业0.3个百分点，到2011年，第三产业就业人员占比超过第一产业就业人员占比；至今，第三产业都是吸收劳动力最多的部门，这种变化表明产业结构的变迁必然伴随劳动力在产业间分布的变动。

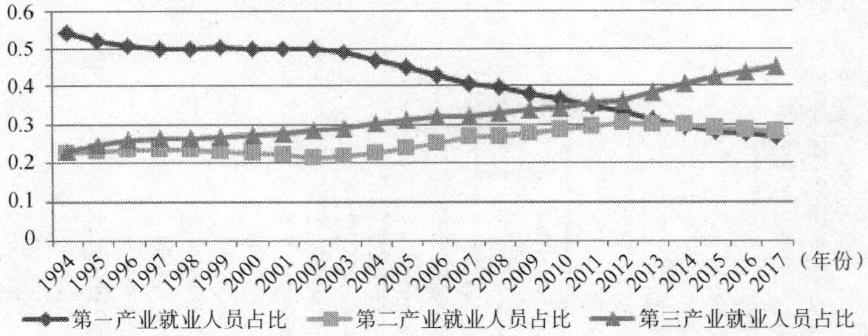

资料来源：历年《中国统计年鉴》。

图4-14　三大产业就业人员占总就业人员比重变化

三、产业结构优化升级统计与分析

产业结构没有优劣之分，只有合适不合适的区别，不同经济发展阶段会呈现不同的产业结构状态。何为合适的产业结构，或者说是合理的产业结构，本书认为这个问题需要从多个角度分析，首先，要考虑三大产业产值结构分布，产业结构升级的一个体现就是非农化产业发展水平；其次，要从投入—产出角度考虑三大产业的生产效率，因为这是衡量资源在不同产业配置的效率高低，资源配置效率不高的产业结构必定算不上合理的产业结构；再次，要考虑劳动力在各产业分布同各产业产值分布的对称性，二者非对称说明产品市场与劳动力市场没有实现均衡，产业结构及就业结构不合理，存在隐性失业或者说存在劳动力转移的需求；最后，还需要从资源耗费、环境保护角度考虑产业结构的合理性问题。在2014年中央经济工作会议上明确指出，中国的环境承载能力已接近甚至可以说达到上限了，中共十八大报告提出要形成节约资源、保护生态环境的产业结构，从这个维度来看合理的产业结构应该是尽量以较少的能源要素投入和污染排放获得更多产出的结构框架。

（一）产业结构偏离度与比较劳动生产率

产业结构偏离度是从产业结构与就业结构是否对称角度衡量产业结构效率的量化指标。计算公式如下：

$$i\text{产业结构偏离度}=\frac{i\text{产业产值结构比重}}{i\text{产业就业结构比重}}-1 \tag{4.1}$$

$$\text{三大产业结构偏离度}=\sum_{i=1}^{3}\left|\frac{i\text{产业产值结构比重}}{i\text{产业就业结构比重}}-1\right| \tag{4.2}$$

比较劳动生产率也称为相对劳动生产率，是另一个衡量产业结构效率的量化指标，计算公式如下：

$$i\text{产业比较劳动生产率}=\frac{i\text{产业产值结构比重}}{i\text{产业就业结构比重}} \tag{4.3}$$

产业结构偏离度等于0，说明产业结构与就业结构实现均衡状态；如果大于0，说明i产业具有吸收更多劳动力就业的能力，就业人员应该往i产业转移，进而推进产业结构走向合理化；如果小于0，说明i产业存在隐性失业问题，劳动力应该从i产业往其他产业转移，进而推进产业结构走向合理化。不管正负号，产业结构偏离度指标数值越大说明产业结构与就业结构越不对称，产业结构效率越低。比较劳动生产率指标数值越大表示产业结构效率越高。

表4-7描述了国内三大产业结构偏离度与比较劳动生产率的情况。第一产业的产业结构偏离度指标数值始终为负数，而且绝对值在提高，第二产业与第三产业的结构偏离度指标数值为正数，其中第三产业的结构偏离度指标数值愈来愈接近于0，说明第一产业存在隐性失业问题，第一产业内部结构不合理，第三产业结构合理化水平最高。第一产业的比较劳动生产率最低，第三产业次之，第二产业比较劳动生产率最高，说明目前第二产业的产业结构效率仍然是最高的。

表 4-7　　　　　　三大产业结构偏离度与比较劳动生产率

年份	产业结构偏离度			比较劳动生产率		
	第一产业	第二产业	第三产业	第一产业	第二产业	第三产业
1994	-0.64	1.04	0.50	0.36	2.04	1.50
1995	-0.62	1.03	0.36	0.38	2.03	1.36
1996	-0.62	1.00	0.29	0.38	2.00	1.29
1997	-0.64	0.99	0.33	0.36	1.99	1.33
1998	-0.65	0.95	0.39	0.35	1.95	1.39
1999	-0.68	0.97	0.43	0.32	1.97	1.43
2000	-0.71	1.02	0.45	0.30	2.02	1.45
2001	-0.72	1.01	0.49	0.28	2.01	1.49
2002	-0.73	1.08	0.48	0.27	2.08	1.48
2003	-0.75	1.11	0.43	0.25	2.11	1.43
2004	-0.72	1.04	0.35	0.28	2.04	1.35
2005	-0.74	0.97	0.32	0.26	1.97	1.32
2006	-0.75	0.89	0.30	0.25	1.89	1.30
2007	-0.75	0.75	0.32	0.25	1.75	1.32
2008	-0.74	0.72	0.29	0.26	1.72	1.29
2009	-0.74	0.65	0.30	0.26	1.65	1.30
2010	-0.74	0.62	0.27	0.26	1.62	1.27
2011	-0.73	0.57	0.24	0.27	1.57	1.24
2012	-0.72	0.50	0.25	0.28	1.50	1.25
2013	-0.70	0.46	0.21	0.30	1.46	1.21
2014	-0.69	0.44	0.18	0.31	1.44	1.18
2015	-0.69	0.40	0.18	0.31	1.40	1.18
2016	-0.69	0.39	0.19	0.31	1.39	1.19
2017	-0.71	0.44	0.15	0.29	1.44	1.15

资料来源：根据历年《中国统计年鉴》得到原始数据计算所得。

（二）产业结构优化升级多指标衡量

1. 产业结构层次系数

一般文献根据克拉克定律采用非农业产值比重作为产业结构升级的度量。虽然说经济非农产值比重的增加是一个很重要的规律，但是20世纪70年代之后信息技术革命对主要工业化国家的产业结构产生了极大的冲击，出现了“经济服务化”的趋势，而这种传统的度量方式没有办法反映出经济结构的这种动向。在信息化推动下的经济结构的服务化是产业结构升级的一种重要特征，鉴于在“经济服务化”过程中的一个典型事实是第三产业的增长率要快于第二产业的增长率（吴敬琏，2008），本书用产业结构层次系数 R 这个指标来反映产业结构整体的水平，这一度量能够清楚地反映出经济结构的服务化倾向，明确地昭示产业结构是否朝着“服务化”的方向发展，因此，它是一个更好的度量。如果 R 处于上升状态，就意味着经济在向服务化的方向推进，产业结构在升级。

将某个区域的 n 个产业的比重记为 $q(j)$，该区域 n 产业结构层次系数为：$W = \sum_{i=1}^{n} i \times q(j)$，该式实际上是对三次产业的比重进行加权求和，按三次产业的层次高低依次赋权重。W 越大，该区域结构层次系数越高，本书借鉴靖学青（2005）的赋予三大产业权重的方法。

$$R = \sum_{i=1}^{3} i y_i \text{ , } y_i = \frac{Y_i}{Y} \tag{4.4}$$

将第一产业权重设为1，第二产业权重设为2，第三产业权重设为3，然后将各产业加权相加。R 值越高水平产业结构的层次越高。越接近 1 产业结构层次越低，越接近 3 产业结构层次越高。

2. 产业结构均衡化指数

当各产业的相对劳动生产率等于1时，其经济特征就是劳动力市场和产品市场都出清，从收入分配角度看，各产业没有超额利润，收入公平，这种状态在经济学中称为实现均衡。产业结构均衡化指数 EL 是对产业结构偏离度指标的扩展，避免了结构偏离度指标计算出现负值的问题，产业结构均衡化指标越趋近于0体现的产业间的状态越合意。其计算公式如下：

$$EL = \sqrt{\sum_{i=1}^{3} \left(\frac{y_i}{l_i} - 1\right)^2 \Big/ 3} \tag{4.5}$$

$y_i = \frac{Y_i}{Y}$ 表示第 i 产业占比，$l_i = \frac{L_i}{L}$ 表示第 i 产业从业人员占比。

3. 产业结构优化泰尔指数

据前文论述，根据产业结构偏离度指标得到的产业结构均衡化指数是要素投入结构与产出结构耦合程度的衡量指标，公式可以写作：

$$EL = \sqrt{\sum_{i=1}^{3}\left(\frac{y_i}{l_i} - 1\right)^2/3} = \sqrt{\sum_{i=1}^{3}\left(\frac{\frac{Y_i}{L_i}}{\frac{Y}{L}} - 1\right)^2/3} = \sqrt{\sum_{i=1}^{3}\left(\frac{\frac{Y_i}{Y}}{\frac{L_i}{L}} - 1\right)^2/3} \tag{4.6}$$

古典经济学假设，经济最终处于均衡状态，各产业部门生产率水平相同。而由定义$\frac{Y}{L}$即表示生产率，因此当经济均衡时，$\frac{Y_i}{L_i}=\frac{Y}{L}$，此时 $EL=0$，同时$\frac{Y_i}{Y}$表示产出结构，$\frac{L_i}{L}$表示就业结构，EL 同时也是产出结构和就业结构耦合性的反映。EL 值越大，就表示经济越偏离均衡状态，产业结构越不合理。由于经济非均衡现象是一种常态，在发展中国家这种情形更为突出（Chenery 等，1989），从而 EL 值是不可能为 0。但是，这个指标存在将各产业“一视同仁”，忽视了各产业在经济体中的重要程度的问题。

为此，我们引入了泰尔指数。泰尔指数又称泰尔熵，最早是由泰尔（Theil 和 Henri，1967）提出，一些学者将之用于地区收入差距问题的研究（王少平和欧阳志刚，2007）。泰尔指数其实也是一个很好的度量产业结构合理性的指标。

同样地，如果经济处于均衡状态下，也有 $TL=0$，而且该指数考虑了产业的相对重要性，同时它还保留了结构偏离度的理论基础和经济含义，因此是一个产业结构优化的更好度量。泰尔指数不为 0，表明产业结构偏离了均衡状态，产业结构不合理。TL 的大小与产业结构优化水平是相反变化的，本书对 TL 做修正，因为 $1/TL$ 的大小是与产业结构优化程度同向的，用 $1/TL$ 表示产业结构优化指标。本书采用干春晖等（2011）提出的泰尔指数来衡量产业结构优化水平，

$$\frac{1}{TL} = \frac{1}{\sum_{i=1}^{3}\left[\frac{Y_i}{Y} \times \ln\left(\frac{Y_i}{L_i} / \frac{Y}{L}\right)\right]} \tag{4.7}$$

4. 产业结构高级化指数

产业结构层次系数、产业均衡化指数以及泰尔熵指数从不同的角度体现产业结构合理化水平，或者说产业结构升级优化情况，但是这几个指标都是从静态视角分析问题，产业结构优化升级应该是一个随着经济不断增长动态化演进的过程，并且呈现一定的规律性。产业结构会伴随经济发展进程而不断变化，

以适应其需要，与之达成一种平衡。动态视角产业结构向合理化变动的衡量指标本书称之为产业结构高级化指数，根据现有文献的阅读，可以用摩尔结构变化值作为产业结构高级化指数。该项指标的计算原理是将产业结构划分为 n 个部门，组成一组向量，然后求出两组间向量夹角，以此反映产业结构变化程度。计算公式如下：

$$\theta = \arccos M = \arccos \frac{\sum_{i=1}^{3} X_{i,t} \times X_{i,t+1}}{\sqrt{\sum_{i=1}^{3} X_{i,t}^2} \times \sqrt{\sum_{i=1}^{3} X_{i,t+1}^2}} \tag{4.8}$$

夹角值 θ 越大，产业结构转换速度越快，产业结构动态视角考察的优化升级水平越高。

5. 产业结构低碳化指标

用产业结构的优化升级不仅仅从产业产值角度、产业的要素配置角度来衡量，还要从能源消耗、对生态环境的影响来衡量，要形成节约资源、保护生态环境的产业结构，从这个维度来看合理的产业结构应该是尽量以较少的能源要素投入和污染排放获得更多产出的结构框架。本书用产业能源效率衡量产业结构低碳化情况，将单位能源消耗创造的产值（产业结构能源效率）作为衡量产业结构低碳化的指标。计算公式如下：

$$\text{产业结构能源效率}\ ISEE = \sum_{i=1}^{n} w_i \cdot \frac{Y_i}{E_i} \tag{4.9}$$

w_i 是 i 产值占比，Y_i 是 i 产业增加值，E_i 是 i 产业能源消耗。*ISEE* 越高表示产业结构能源效率越高。

表 4-8 呈现的是从上述 5 个维度衡量产业结构合理化水平的变化趋势。从中可以初步看出，产业结构层次系数和产业结构能源效率是在逐步增加的，表明中国产业结构在不断的调整优化，产业结构的调整优化带来了能源利用效率的提升。产业结构优化泰尔指数呈现出由不合理向合理快速迈进；产业结构均衡化水平则是由不均衡向均衡快速转变；而产业结构高级化水平的 θ 波动性较强，这是因为根据摩尔指数计算的 θ 只能用来反映相邻两期间产业结构变化的相对程度。由此可得出，伴随着改革开放，尤其是近年来对外开放的扩大和深化，中国的产业结构在不断优化升级，产业均衡水平、产业发展层次在不断提升，产业结构调整的“绿色经济”效应在不断提升，显然，对外贸易和吸引外来投资对中国产业结构的优化升级具有明显好处。

表 4-8 产业结构合理度多指标衡量

年份	产业结构层次系数	产业结构均衡化指数	产业结构优化指数	产业结构高级化指数	产业结构低碳化指数
1994	2. 151	0. 76	3. 76	—	—
1995	2. 143	0. 73	4. 12	0. 015	1. 448
1996	2. 143	0. 70	4. 39	0. 007	—
1997	2. 171	0. 71	4. 19	0. 032	1. 53
1998	2. 198	0. 70	4. 11	0. 041	1. 59
1999	2. 227	0. 73	3. 78	0. 032	1. 65
2000	2. 2521	0. 76	3. 48	0. 028	1. 75
2001	2. 272	0. 77	3. 36	0. 027	1. 84
2002	2. 289	0. 80	3. 19	0. 019	1. 79
2003	2. 295	0. 81	3. 10	0. 023	1. 68
2004	2. 283	0. 76	3. 53	0. 016	1. 67
2005	2. 295	0. 73	3. 61	0. 025	1. 86
2006	2. 312	0. 69	3. 78	0. 018	2. 00
2007	2. 328	0. 64	4. 16	0. 021	2. 49
2008	2. 325	0. 62	4. 43	0. 001	2. 75
2009	2. 345	0. 60	4. 69	0. 029	2. 70
2010	2. 346	0. 58	4. 96	0. 009	2. 87
2011	2. 348	0. 55	5. 51	0. 002	3. 22
2012	2. 359	0. 53	6. 05	0. 024	3. 41
2013	2. 374	0. 50	6. 94	0. 030	3. 77
2014	2. 387	0. 48	7. 78	0. 022	4. 01
2015	2. 412	0. 47	8. 38	0. 050	4. 38
2016	2. 432	0. 47	8. 58	0. 026	—
2017	2. 437	0. 49	8. 16	0. 013	—

资料来源：根据历年《中国统计年鉴》所得原始数据计算获得，表中空白处为缺失数据。

第五节 本章小结

本章分析了四方面内容：中国对外开放的发展历程；对外贸易现状；中国对外直接投资及吸引外商直接投资的现状及特征；产业结构现状分析及产业结

构优化升级统计指标分析。中国对外开放自 1978 年至今，经历了五个阶段，从摸着石头过河的对外开放探索期、经过全面推进时期，再经过加入世贸组织之后的快速发展期，到 2008 年受世界经济危机冲击需要摸索对外开放新模式时期，最后到 2013 年中国提出“一带一路”倡议之后对外开放的规模扩大，从之前“引进来”到“走出去”，整体来讲，对外开放的规模、格局在不断扩大。经过分析得出以下结论：

第一，1994—2017 年中国进口与出口总体处于上升趋势，略有波动。中国的外贸依存度远大于世界平均水平，甚至远超美国和日本等发达经济体水平。较高的外贸依存度反映了中国对外开放规模、程度扩大的发展趋势。中国出口资本或技术密集型商品大幅上升，但是以初加工产品为主，高科技含量的产品、核心技术零部件仍依赖于进口。劳动密集型产品出口占比在下降，人口红利时期即将过去。进口产品以机械设备、短缺能源以及高科技产品为主。

第二，投向中国的外商直接投资在产业分布上表现为由“二、三、一”转向“三、二、一”特征，第三产业吸引的外商直接投资稳步上升，投向第二产业的 FDI 逐年下降，投向第一产业的 FDI 略有波动，总体上占比不高。

第三，加入世贸组织后，中国对外直接投资迅速增加，到 2016 年首次成为最大的对外投资国家。中国的对外投资集中在三大行业：租赁和商务服务业、采矿业、批发和零售业。

第四，在分析中国产业结构变迁问题方面，通过三大产业总体规模，就业结构，产业结构偏离度及比较劳动生产率的分析，中国产业结构变迁符合产业结构变迁一般规律。

第五，从产业结构优化升级 5 个维度统计指标分析显示：静态视角，产业结构层次系数、产业结构能源效率，产业结构优化指数呈现出逐步增加趋势；产业结构均衡化指数随着时间越来越趋近于 0，表明产业结构与就业结构的耦合性越来越高。动态视角，产业结构高级化水平的 θ 波动性较强，这是因为根据摩尔指数计算的 θ 只能用来反映相邻两期间产业结构变化的相对程度，表明产业结构优化升级变动的速度加快。

第五章

贸易与投资的开放对产业结构影响的计量分析

本章在前文理论与现状分析对外开放两个方面对产业结构优化升级产生的影响基础上，通过计量分析贸易与投资开放对产业结构的影响。本章分为两部分，首先将中国的对外贸易、外商直接投资以及对外直接投资的时间序列数据与反映产业结构优化升级五个维度指标结合做 OLS 回归分析与 VAR 模型分析。中国地域辽阔，各省区具有异质性，第二部分利用 31 个省级面板数据进行计量分析，为了分析开放对产业结构优化升级影响的区域差异性，将全国分成东、中、西三大区域做面板数据回归分析。

第一节 全样本计量分析

一、建立模型

钱纳里提出适用于不同经济发展水平的“标准结构”产业变动模型，模型如下：

$$S_t = \alpha + \beta_1 Y + \beta_2 Y^2 + \gamma_1 N + \gamma_2 N^2 + \sum \delta_i T_i + \phi F + \varepsilon_t \qquad (5.1)$$

其中，S_t表示产业结构水平，Y 表示人均国民生产总值，N 表示人口数，T 表示时间趋势，F 表示资源以及生产要素的流动，在经典钱纳里标准结构模型基础上，不考虑时间趋势和人口变动的影响，添加影响产业结构优化升级的影响因素，得到修正的钱纳里模型。本书构建计量模型如下：

$$Yi = \alpha_0 + \beta_1 import_i + \beta_2 \mathrm{export}_i + \beta_3 fdi_i + \beta_4 ofdi_i + \beta_5 p\_gdp_i + \beta_6 p\_gdp_i^2 + \beta_7 edu_i + \beta_8 egl_i + \beta_9 caiz_i + \beta_{10} jiaot_i + \beta_{11} guoyou_i + \beta_{12} chengqu_i + \beta_{13} chengz_i + \varepsilon_i \quad (5.2)$$

其中，下标 i 代表年份，ε_i 为随机误差项，α_0 为常数项，β_1 至 β_{13} 分别为各变量的系数。β_1 到 β_9 是本章关注的重点，β_{10} 到 β_{13} 是控制变量。为了减弱数据的异方差性，消除数据的量纲影响，在实际的回归中，采用半对数模型，对解释变量做了对数处理，解释变量都是按照第四章论述的从 5 个维度反映产业结构优化升级的统计指标计算公式计算得到，未做对数处理。

（一）被解释变量说明

产业结构的变迁应该是低水平向高水平、由不合理向合理方向演进的过程，量化产业结构变迁的指标在测算方法上主要有两类：一类是以发达国家的产业结构演进或者以产业结构演进理论上的标准模式为依据进行测度，主要方法有钱纳里标准结构法，结构相似系数法以及距离判别法。第二类方法是与自身相比，借助统计学方法构建指标。主要指标有产业结构层次系数、产业结构变动度、摩尔结构变动度、非农业化水平、产业结构超前系数、产业增加值比重。每种方法都从一个角度来测量产业结构变迁、产业结构合理化程度。本书认为产业结构向合理化变迁是一个包含多方面多角度的问题，各个指标有自身的特点也有缺陷，比如产业结构超前系数能够体现产业结构的变化方向，但是很难满足超前值 + 滞后值 = 0 的条件，非农业化水平 $= \frac{\text{第二产业、第三产业增加值}}{\text{总产值}}$ 仅仅从产业产值占比角度衡量产业结构的高级化水平，各产业增加值比重如 $\frac{\text{第二产业增加值}}{\text{总产值}}$，$\frac{\text{第三产业增加值}}{\text{总产值}}$ 同样是从产业产值比重角度衡量产业结构优化升级水平。

本书认为产业结构合理化水平要从多个维度，静态与动态相结合衡量。首先，要考虑三大产业产值结构分布，经济结构服务化趋势是产业结构升级的重要特征，产业结构升级的一个体现就是非农化产业发展水平；其次，要从投入—产出角度考虑三大产业的生产效率，因为这是衡量资源在不同产业配置的效率高低，资源配置效率不高的产业结构必定算不上合理的产业结构；再次，要考虑劳动力在各产业分布同各产业产值分布的对称性，二者非对称说明产业结构及就业结构不合理，存在隐性失业或者说存在劳动力转移的需求；最后，还需要从资源耗费、环境保护角度考虑产业结构的合理化问题。在2014年中央经济工作会议上明确指出中国的环境承载能力已接近甚至可以说达到上限了，中共十八大报告提出要形成节约资源、保护生态环境的产业结构，从这个维度来看合理的产业结构应该是尽量以较少的能源要素投入和较少的污染排放获得更多产出的结构框架。

本书从多维度衡量产业结构变迁的合理化水平，利用5个指标作为量化分析的工具，并以此作为被解释变量，这5个指标分别是 R、$1/TL$、θ、EL 和 $ISEE$，具体含义如下：

1. 产业结构层次系数（R）

用这个指标来反映产业结构整体的层次水平。将某个区域的 n 个产业的比重记为 $q(j)$，该区域 n 产业结构层次系数为 $W = \sum_{i=1}^{n} i \times q(j)$，该式实际上是对三次产业的比重进行加权求和，按三次产业的层次高低依次赋权重。W 越大，该区域结构层次系数越高，自然该区域的产业结构水平越高。本书借鉴靖学青（2005）赋予三大产业权重的方法：

$$\mathrm{R} = \sum_{i=1}^{3} i y_i,\ y_i = \frac{Y_i}{Y} \tag{5.3}$$

将第一产业权重设为1，第二产业权重设为2，第三产业权重设为3，然后将各产业加权相加。R 值越高产业结构的层次越高。越接近1产业结构层次越低，越接近3产业结构层次越高。

2. 产业结构优化（$1/TL$）

泰尔指数也称为泰尔熵，用来度量结构合理性的指标。泰尔熵是以结构偏离度为理论基础经过改进的指标，保留了产业结构偏离度指标的经济含义，避免了绝对值的计算，同时考虑了产业的相对重要性，这个指标从资源的有效利用程度来看产业结构的合理化程度，或者说是投入产出的合理化程度。如果经济处于均衡状态下，有 $TL = 0$，泰尔指数不为0，表明产业结构偏离了均衡状态，产业结构不合理。TL 的大小与产业结构合理化水平是相反变化的，本书对 TL 做修正，因为 $1/TL$ 的大小是与产业结构合理化程度同向的，用 $1/TL$ 表示产业结构合理化指标。本书采用干春晖等（2011）提出的泰尔指数来衡量产业结构优化水平，即产业结构优化指数为：

$$\frac{1}{TL} = \frac{1}{\sum_{i=1}^{3} \left[\frac{Y_i}{Y} \times \ln\left(\frac{Y_i}{L_i} / \frac{Y}{L} \right) \right]} \tag{5.4}$$

3. 产业结构高级化指数(θ)

这个指标是根据摩尔结构变化值得到的。把产业结构分成 n 个部门，组成向量，求出向量之间的夹角，用 M_t 表示摩尔结构变化值：

$$M_t = \frac{\sum_{i=1}^{n} W_{i,t} \cdot W_{i,t+1}}{\left(\sum_{i=1}^{n} W_{i,t}^2\right)^{\frac{1}{2}} \cdot \left(\sum_{i=1}^{n} W_{i,t+1}^2\right)^{\frac{1}{2}}} \tag{5.5}$$

$W_{i,t}$表示 t 期 i 产业产值比重，$W_{i,t+1}$表示 $t+1$ 期 i 产业产值比重，两向量夹角 θ 的余弦值 $\cos\theta = M_t$，因此：

$$\theta = \arccos M_t \tag{5.6}$$

夹角 θ 越大，表示结构转换速度越快。借鉴付凌晖（2010）的做法：

$$\theta = \arccos M = \arccos \frac{\sum_{i=1}^{3} X_{i,t} * X_{i,t+1}}{\sqrt{\sum_{i=1}^{3} X_{i,t}^2} * \sqrt{\sum_{i=1}^{3} X_{i,t+1}^2}} \tag{5.7}$$

式中 $X_{i,t}$是 t 期 i 产业占比，$X_{i,t+1}$是 $t+1$ 期 i 产业占比，θ 越大产业结构变化的速率越大，产业结构高级化水平越高。这个指标是从动态视角衡量产业结构优化升级变动的情况。

4. 产业结构均衡化指数（EL）

借鉴徐德云（2011）的研究，其计算公式如下：

$$EL = \sqrt{\sum_{i=1}^{3} \left(\frac{y_i}{l_i} - 1\right)^2 / 3} \tag{5.8}$$

$yi = \frac{Y_i}{Y}$是第 i 产业占比，$l_i = \frac{L_i}{L}$是第 i 产业从业人员占比。这个指标是对产业结构偏离度指标的修正。产业结构偏离度 $= \sum_{i=1}^{n} \left| \frac{i\text{产业在}t\text{期产值比重}}{i\text{产业在}t\text{期从业人员比重}} - 1 \right|$，产业结构合不合理除了从几大产业产值结构来衡量，按照本书的界定还包括在几大产业要素配置的状态合不合理，这个指标就是从劳动力的配置与产值结构相比较来衡量产业结构与就业结构的匹配程度。产业结构偏离度大于 0，表明 i 产业具有吸纳更多的劳动力的潜力，产业结构偏离度小于 0，表明 i 产业存在隐性失业，劳动力过剩。EL 这个指标同样保留了产业结构偏离度指标的经济含义，避免了绝对值计算带来的不便。产业结构均衡化指数 EL 越大，产业结构与就业结构越不对称，产业结构效率越低、越小表明两者越对称，产业结构效率越高。

5. 产业结构低碳化（*ISEE*）

在环境日益恶化的今天，产业结构的合理性除了从实现的产值角度、要素在产业间的配置效率角度衡量，能源的消耗与利用效率也应该被纳入考核体系。库兹涅茨曲线反映出随着经济增长，环境污染程度会呈现出先污染后改善的倒U型变化，这个过程实际上是产业结构升级，向合理化演变的外在表现之一，是通过整个经济体产业体系的规模效应、结构效应与技术效应改善环境，是环境向生态化发展的过程。许多实证研究表明，提升能源利用率是产业结构升级的有机组成部分。本书用产业能源效率衡量产业结构生态化情况，从单位能源消耗创造的产值（产业结构能源效率）来作为衡量产业结构低碳化的指标。产业结构能源效率：

$$ISEE = \sum_{i=1}^{n} w_i \cdot \frac{Y_i}{E_i} \tag{5.9}$$

w_i 是 i 产值占比，Y_i是 i 产业增加值，E_i是 i 产业能源消耗。这个指标值越高表示产业结构能源效率越高。

（二）解释变量说明

开放包括多方面内容，中国的对外开放主要是经济领域的开放，包括商品市场、资本市场、技术市场的开放，涉及农业各个领域、工业各个领域以及金融、保险、房地产和科技教育等服务业领域。如果把对外开放所有方面内容都考虑在内显然是不现实的，而且分析面太广难免会使研究出现泛泛而谈的问题。本书主要分析开放的两个方面——贸易的开放与投资的开放，具体包括进口、出口、*FDI* 与 *OFDI*。

前面理论机制章节与现状分析章节从理论与实践方面证实了进口、出口、*FDI* 与 *OFDI* 能够影响到产业结构优化升级。产业结构形成与演变受多方因素影响，国际贸易与国际投资因素是本书重点关注的解释变量，经济整体发展水平、人力资本水平与技术因素，消费结构、政府宏观调控都会对产业结构的形成与演变产生影响。因此本书的解释变量如下：

核心解释变量为 *import*、*export*、*FDI*、*OFDI*、*p_ gdp*、*edu*、*egl*、*caiz*，代表的含义如下所示：

（1）*import* 表示贸易进口额；*export* 表示贸易出口额；*FDI* 表示实际利用外商直接投资额；*OFDI* 表示对外直接投资存量，这四个变量作为衡量开放的指标。

（2）*p_ gdp* 表示人均 *GDP*，人均 *GDP* 是衡量一个经济体发展水平的指标，同时也是衡量消费者收入水平的指标。按照前面介绍的产业结构经典理论，经济发展水平是产业结构形成与变迁的重要影响因素。收入水平高会引致消费层次的升级，消费者的偏好也会随着生活变得富裕而改变，收入水平的提高扩大了消费需求，消费需求与消费者偏好改变必然会影响到生产结构，也必然会影响到产业结构。

（3）*edu* 表示人力资本水平与技术水平，用人口平均受教育年限来度量①。教育程度可以衡量劳动力的素质、质量，也可以衡量技术水平。人均受教育年限更高，代表了生产中人力资本和技术水平也更高，高质量的人力资本与高水平的生产技术必然会带动产业结构升级优化。

（4）*egl* 表示城镇恩格尔系数。恩格尔系数是衡量消费结构的常用指标，其计算公式如下，从结构角度来看，消费结构对产业结构的影响最为直接。

$$\text{恩格尔系数} = \frac{\text{食品支出}}{\text{总消费支出}} \tag{5.10}$$

（5）*caiz* 表示政府的财政支出。政府对经济的宏观调控是分析产业结构形成与演变不能忽略的因素，特别是中国改革开放最初是政府主导的制度变迁，政府制定的产业发展政策对产业结构的影响非常直接，为了实现经济发展目标，政府会制定产业发展战略，或通过政府投资来引导产业发展，产业结构因此发生变动。用政府的财政支出作为衡量政府对产业结构影响的变量。

除了以上核心解释变量外，有一些因素对产业结构的影响也是不可忽略的，本书将这些变量作为控制变量。控制变量分别为 *jiaot*、*guoyou*、*chengqu*、*chengz*。

（1）*jiaot* 表示基础设施水平，用交通基础设施密度来衡量。有一句俗语：要想富，先修路。这句话生动地表明交通基础设施对经济发展的影响。为了使各省份不同年份的交通基础设施存量具有可比性，本书采用交通基础设施密度来表征交通基础设施的规模。具体方法是沿用 Demurger（2001）的做法，将三类交通基础设施加总之后再除以各省份的国土面积。

$$\text{交通基础设施密度} = \frac{\text{铁路里程} + \text{内河航道里程} + \text{等级公路里程}}{\text{国土面积}} \tag{5.11}$$

（2）*guoyou* 表示国有企业固定资产投资额，用这个指标表示市场化水平。

---

①　同陈钊和陆铭等（2004）的计算口径一致，本书测算了1994—2017年间各地区人力资本数据，具体计算方法为：假定小学、初中、高中、大专以上的受教育年限分别为6年、9年、12年、16年，则人力资本可以表示为 $6*pri+9*mid+12*hig+16*col$，其中 *pri*、*mid*、*hig*、*col* 分别表示小学、初中、高中、大专以上受教育人口占各地区6岁及以上总人口的比重。

计划经济与市场经济配置资源的手段不同，一个是用“看得见的手”配置资源指导生产，一个是用“看不见的手”配置资源，产业结构的调整要以市场化为导向。市场化程度高的地方，经济自由发展的空间更大，经济发展更加有活力。非国有经济的发展一定程度上能够反映市场化程度，本书用国有企业固定资产投资来反映国有经济的规模与发展程度，也就是从另一个角度反映市场化水平。

（3）*chengqu* 表示建成区面积，*chengz* 表示城镇人口占比。建成区面积可以从统计年鉴上查到数据，城镇人口占比 = 城镇人口/总人口。用这两个指标衡量城市化水平，城市化是与经济发展相适应的自然历史过程，城市化的发展不以人的意志为转移，人口与产业是城市化的两大主体。城市化的进程外在表现就是随着生产力的发展引起生产方式的变革，即人口与其他生产要素由农村向城市转移、集聚的过程，农业领域的生产要素向非农业领域转移，产业结构随之发生大规模调整。通过阅读文献，普遍的做法是使用非农人口即城镇人口占比以及建成区面积作为衡量城市化水平的指标，本书做同样处理。

二、数据来源与描述性统计

本章分析的原始数据中，进口、出口、*FDI* 的数据均来源于历年的《中国统计年鉴》，*OFDI* 原始数据来源于历年《中国对外投资公报》，这四个变量的原始数据按照各年汇率进行了折算。人均受教育年限、恩格尔系数由来自《中国统计年鉴》的原始数据计算所得。财政支出、人均 *GDP* 数据来自《中国统计年鉴》，并用 *GDP* 平减指数折算为 1991 年不变价。计算产业结构能源效率需要的各产业能源消耗数据来自《中国能源统计年鉴》。其他实证分析所需数据来自 *EPS* 数据库整理所得。为了保持本书整篇数据时间的一致性，将实证检验的时间段定为 1994—2017 年。被解释变量及核心解释变量的描述性统计如表 5 - 1 和表 5 - 2 所示。

表 5 - 1　　被解释变量的描述性统计

被解释变量	样本量	均值	标准差	最小值	最大值
R	24	2.2968	0.0886	2.1430	2.4370
$1/TL$	24	4.9182	1.7582	3.0989	8.5768
θ	23	0.0221	0.0115	0.0012	0.0499
EL	24	0.6492	0.1149	0.4686	0.8133
$ISEE$	20	2.4195	0.9162	1.4483	4.3769

资料来源：统计结果由 stata12.0 软件分析得到。

表 5－2 解释变量的描述性统计

解释变量	样本量	均值	标准差	最小值	最大值
import	24	10.6563	0.9440	9.2064	11.7329
export	24	10.8126	0.9672	9.2518	11.9403
FDI	24	6.5384	0.4635	5.8250	7.1789
OFDI	23	6.8904	1.4928	5.0669	9.5160
p_ gdp	24	9.7102	0.8550	8.3143	10.9964
p_gdp^2	24	94.98935	16.6382	69.12829	120.9216
edu	22	2.1822	0.0896	2.0432	2.3103
egl	22	3.6773	0.1446	3.3878	3.9336
caiz	24	10.5577	1.1592	8.6645	12.2226
jiaot	24	0.2725	0.1121	0.1254	0.4199
guoyou	22	10.5102	0.8773	9.2964	11.8473
chengqu	20	10.4179	0.3255	9.8660	10.9029
chengz	24	0.3597	0.0664	0.2508	0.4607

资料来源：统计结果由 stata12.0 软件分析得到。

图 5－1、图 5－2、图 5－3、图 5－4 和图 5－5 反映了产业结构层次、产业结构优化、产业结构高级化、产业结构均衡化和产业结构生态化的趋势。从中可以初步看出，产业结构层次和产业结构低碳化、产业结构均衡化在逐步增加。产业结构优化水平的 $1/TL$ 有波动性，但整体呈现向优化靠近。产业结构高级化水平变化波动性大。从图 5－1 至图 5－5 可以看出，从 1994 年到 2017 年的变化趋势，各变量长期关系基本相对稳定，从整体上看存在均衡关系。

1. 产业结构层次系数变化趋势

一般文献根据克拉克定律采用非农业产值比重作为产业结构升级的度量。虽然说经济非农产值比重的增加是一个很重要的规律，但是 20 世纪 70 年代之后，信息技术革命对主要工业化国家的产业结构产生了极大的冲击，出现了“经济服务化”的趋势，而这种传统的度量方式没有办法反映出经济结构的这种动向。在信息化推动下的经济结构的服务化是产业结构升级的一种重要特征，鉴于在“经济服务化”过程中的一个典型事实是第三产业的增长率要快于第二产业的增长率（吴敬琏，2008），本书用产业结构层次系数 R 这个指标来反映产业结构整体的水平，这一度量能够清楚地反映出经济结构的服务化倾向，明确地昭示产业结构是否朝着“服务化”的方向发展，因此它是一个更好的度量指标。如果 R 处于上升状态，就意味着经济在向服务化的方向推进，产业结构在升级。本书借鉴靖学青的处理方法，将第一产业、第二产业、第三产业权重分别赋值 1、2、3，R 值越接近 1 产业结构层次越低，越接近 3 产业结构层次越高。R 值越高水平产业结构的层次越高。从图 5－1 可以看出，1994—2017 年，除了个别年份 R 值略有下降，整体来看 R 值呈现上升趋势，特别是在 2001 年、2013 年这两个时间点之后，曲线斜率变动较之前年份变大，说明产业结构层次系数在 2001 年与 2013 年之后提升较大。2001 年中国加入世贸组织；2013 年中国提出“一带一路”倡议，这两次事件均是中国扩大开放、深化开放的体现，随着而来的开放红利提升了产业结构层次。

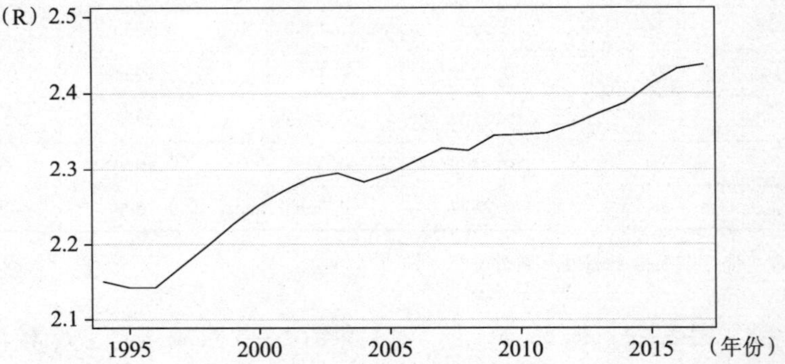

图 5－1　产业结构层次系数

2. 1/*TL* 变化趋势

泰尔指数也称为泰尔熵，用来度量结构合理性的指标。泰尔熵是以结构偏离度为理论基础经过改进的指标，保留了产业结构偏离度指标的经济含义，避免了绝对值的计算，同时考虑了各产业的结构权重，这个指标从资源的有效利用程度来看产业结构的合理化程度，或者说是投入产出的合理化程度。如果经济处于均衡状态下，有 $TL=0$，泰尔指数不为 0，表明产业结构偏离了均衡状态，产业结构不合理。*TL* 的大小与产业结构合理化水平是相反变化的，本书对 *TL* 做修正，因为 $1/TL$ 的大小是与产业结构合理化程度同向的，用 $1/TL$ 表示产业结构合理化指标。1994—2017 年，$1/TL$ 的变化具有波动性，这一点与中国扩大开放的历程也是相契合的。中国的改革引擎始于农村地区，农村承包责任制的全面铺开激发了劳动者的积极性和农业产值的增加，而在工业内部主要是对原先的重工业化的经济结构进行调整，因此在改革之初的几年内产业结构趋于合理化。其后，从 20 世纪 80 年代中期开始，个体私营经济的从无到有，极大地促进了第三产业的发展；而乡镇集体企业的兴起，也为第三产业的发展创造了条件，因此在整个 20 世纪 80 年代 $1/TL$ 几乎一直处于上升当中。20 世纪 90 年代初期是中国经济改革的一个关键转折，市场经济制度的确立为劳动力的流动创造了条件，也为工业经济的发展提供了动力，但毕竟这一时期中国剩余劳动力供大于求，而且对外开放的加深和外资的涌入也开创了第三产业发展的另一个高峰。因此 $1/TL$ 值均在 20 世纪 90 年代早期下降，入世之后，中国进一步融入全球，低端制造业给中国的大量劳动力提供了就业机会，也将中国推向了“世界工厂”的地位，第三产业发展的步伐明显落后，因此又出现了 $1/TL$ 值经过短暂下降又攀升的趋势，在 2013 年“一带一路”倡议提出之后，$1/TL$ 值以非常快的速率上升，$1/TL$ 值的波动与中国扩大开放的进程紧密贴合。

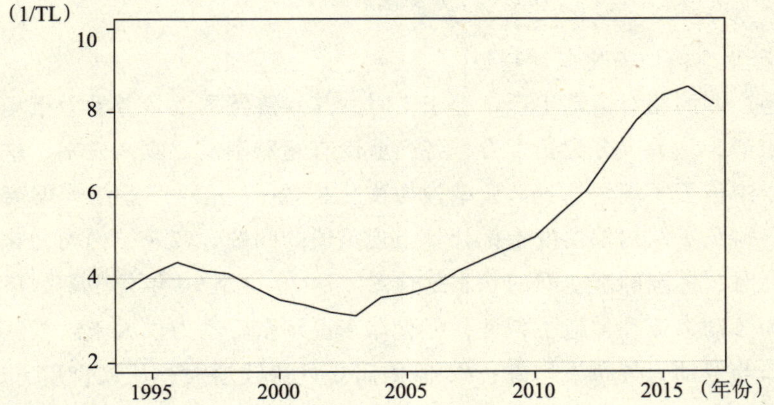

图 5－2　产业结构合理化趋势

3. 产业结构高级化变动趋势

产业结构层次系数、泰尔熵指数从不同的角度体现产业结构合理化水平，或者说优化升级情况，但是它们都是从静态视角分析问题，产业结构优化升级应该是一个随着经济不断增长动态化演进的过程，并且呈现一定的规律性。产业结构会伴随经济发展进程而不断变化，以适应其需要，与之达成一种平衡。动态视角产业结构向合理化变动的衡量指标本书称之为产业结构高级化指数，根据现有文献的阅读，可以用摩尔结构变化值作为产业结构高级化指数。该项指标的计算原理是将产业结构划分为 n 个部门，并组成一组向量，然后求出两组间向量夹角，以此反映产业结构变化程度。产业结构高级化指数 θ 波动性较强，这是因为根据摩尔指数计算的 θ 只能用来反映两期间产业结构变化的相对程度。

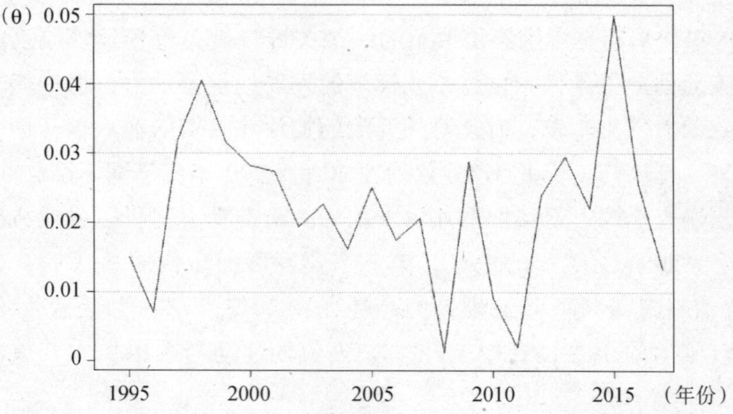

图 5－3　产业结构高级化趋势

4. 产业结构均衡化变动趋势

当各产业的相对劳动生产率等于 1 时，其经济特征就是劳动力市场和产品市场都出清，从收入分配角度看，各产业没有超额利润，收入公平，这种状态在经济学中称为实现均衡。产业结构均衡化指数 *EL* 是对产业结构偏离度指标的扩展，避免了结构偏离度指标计算出现负值的问题，产业结构均衡化指标越趋近于 0 时，体现的产业间的状态越合意。从 20 世纪 90 年代中期，市场经济的确立为劳动力流动创造了条件，但整体来说剩余劳动力供大于求，三大产业产值分布与劳动力分布不均衡，*EL* 值偏离 0 且持续增大，从入世后，*EL* 值向 0 趋近，说明产业结构均衡化水平逐年提高，产业结构与就业结构耦合性增强，市场走向均衡。

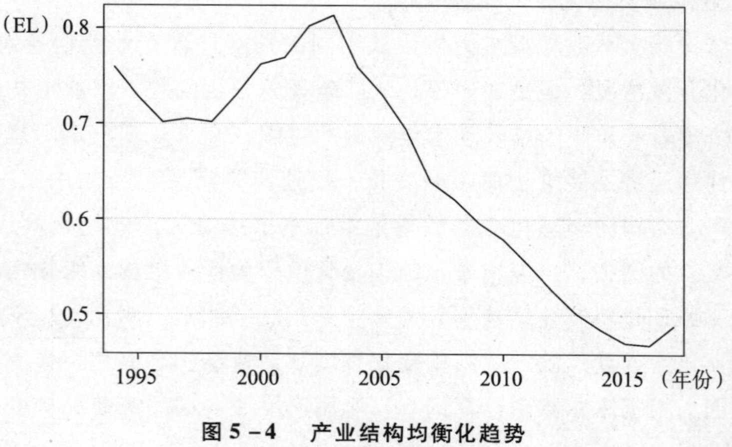

图 5－4　产业结构均衡化趋势

5. 产业结构低碳化趋势

产业结构优化升级不仅仅从产业产值角度、产业的要素配置角度来衡量，还要从能源消耗、对生态环境的影响来衡量，要形成节约资源、保护生态环境的产业结构，从这个维度来看合理的产业结构应该是尽量以较少的能源要素投入和污染排放获得更多产出的结构框架。本书用产业能源效率衡量产业结构低碳化情况，将单位能源消耗创造的产值（产业结构能源效率）作为衡量产业结构低碳化的指标。从图 5 - 5 可以看出产业结构的低碳化水平基本呈现上升趋势，开放的扩大带来的技术溢出效应，对外投资将高能耗产业转移出去，部分地解释了产业结构低碳化水平的提升。上述各图为前文的分析提供了初步的经验支持，但还不能充分说明问题。为了得到更为可靠的结论，下文将做进一步的计量回归分析。

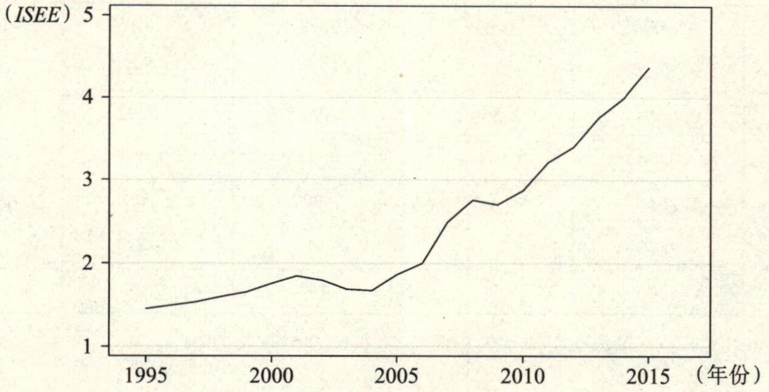

图 5 - 5　产业结构低碳化趋势

三、回归估计结果与讨论

首先利用全部样本数据对模型（5.2）对时间序列数据进行最小二乘法计量分析，回归结果见表 5 - 3 所示。从表 5 - 3 的估计结果可以得到以下结论：

表 5 - 3　全样本估计结果

Variables	*R*	1/*TL*	*θ*	*EL*	*ISSE*
FDI	0.0686*	-1.305**	-0.0470**	0.153***	0.0535
	(0.37)	(-2.27)	(-1.28)	(3.87)	(0.09)
OFDI	0.0952**	0.233*	0.0517**	-0.160***	0.742**
	(0.27)	(-0.26)	(2.37)	(-5.38)	(1.71)

续表

Variables	R	1/TL	θ	EL	ISSE
egl	-0.214**	-2.676	-0.0252	-0.0381*	-2.032
	(-2.55)	(-0.84)	(-0.18)	(-0.39)	(-0.96)
export	0.0810***	0.994**	0.0860*	-0.0168	1.548*
	(4.72)	(-1.25)	(1.72)	(-0.35)	(1.34)
import	0.0698***	0.264*	0.132**	0.0385*	-1.291
	(3.42)	(0.31)	(3.17)	(0.69)	(-1.46)
caiz	0.160**	4.383**	0.0455*	0.366***	-0.457**
	(2.50)	(2.36)	(0.67)	(7.15)	(0.31)
p_ gdp	0.275	1.219	0.359	0.743**	-1.394**
	(1.24)	(1.70)	(0.95)	(2.56)	(-2.37)
p_ gdp2	-0.00430	-1.099**	-0.0236	-0.0157	-0.639**
	(-0.37)	(2.73)	(1.26)	(1.06)	(2.56)
edu	0.0664*	3.659*	0.0535	0.0292	1.371
	(0.90)	(1.47)	(0.57)	(0.33)	(0.66)
_ cons	3.264***	90.62**	1.909	2.319	68.33**
	(4.85)	(2.43)	(0.91)	(1.63)	(2.74)
N	20	20	19	20	18

注：t statistics in parentheses，* $p<0.1$，** $p<0.05$，*** $p<0.01$。

第一，政府财政支出与产业结构层次系数、产业结构均衡化、产业结构优化和产业结构高级化显著正相关，与产业结构低碳化显著负相关。产业结构均衡化与低碳化受政府财政支出影响最显著，财政支出都是在1%显著性水平影响两者。财政支出与产业结构低碳化显著负相关，这说明政府财政支出越多，产业结构低碳化水平越低。可能是因为几个原因：一是产业政策策略化选择导致要素流动不合理；二是政府财政支出尽管总量在上升，但需要进行支出的结构性调整；三是政府财政支出资金使用成本低，同时存在对财政支出资金使用监管不到位的问题，导致对政府财政支出的资金利用效率不高。整体来说，产业结构优化升级五个方面政府主导的影响很明显，而产业结构优化升级应是随着经济发展自然形成过程，更多依赖于市场，政府规模应当适度缩小。

第二，恩格尔系数对产业结构优化升级五方面的影响系数都是负的，对产业结构层次系数在5%显著水平下负向影响，对产业结构均衡化在10%显著水平下负相关。表明恩格尔系数越低，人民生活水平越高；对消费品的需求层次提高，消费水平的升级必然正向激励产业结构升级。恩格尔系数对产业结构优化、产业结构高级化、产业结构低碳化的影响不显著，说明消费升级对产业结构优化升级的影响总体不明显。

第三，人均收入与产业结构均衡化在5%显著水平下正相关，与产业结构低碳化在5%显著水平下负相关，对其他三个指标影响不显著。人均收入水平提高部分原因是中国经济向工业化、现代化、城市化发展，大量劳动力从农村流向城市，由农业向非农产业转移，这会提高产业结构与就业结构的对称性。人均收入与产业结构低碳化显著负相关，表明经济发展水平越高，单位能耗生产的产值越小，形成生态化产业结构迫在眉睫。

第四，人力资本水平与技术水平在10%显著水平与产业结构层次、产业结构优化正相关，与产业结构高级化、均衡化、低碳化的相关性不显著。人力资本水平与技术水平提高带动产业结构层次提升，提高各产业的劳动生产率，进而提高产业结构优化水平。

第五，出口、进口在1%水平与 *R* 显著正相关。出口对 *R* 提升影响大于进口，影响系数分别为0.0810、0.0698，出口增加1个百分点，*R* 提升0.0810百分点；进口增加1个百分点，*R* 提升0.0698个百分点；进出口结合在一起分析，对外贸易显著提升产业结构层次。*OFDI*、*FDI* 与 *R* 显著正相关，*OFDI* 对产业结构层次系数的影响显著性更强，影响系数更大。从影响系数大小可以发现，中国商品与资本"走出去"的思路对产业结构层次提升效果大于"引进来"。

第六，*FDI*、*export* 与产业结构优化在5%显著水平相关，*import*、*OFDI* 与产业结构优化在10%显著水平相关。其中，*FDI* 对产业结构优化呈负向影响关系，影响系数为1.305，说明实际利用外资额越高，产业结构优化水平越低，外资分布在各产业不均衡，外资分布多的产业劳动生产率更高，这加剧了各产业劳动生产率的差异，使得产业结构优化水平降低。产业结构高级化是在产业结构优化基础上计算得出，是动态反映产业结构优化变迁的速度，贸易开放的 *import*、*export*，投资开放的 *FDI*、*OFDI* 对产业结构高级化的影响方向、大小基本与产业结构优化的指标分析结论相同。

第七，*FDI*、*OFDI* 对产业结构均衡化在1%显著水平相关。*OFDI* 呈现出负向影响关系。这说明 *OFDI* 越高就导致产业结构均衡化水平越低。究其原因，本书认为主要在于两个方面：一方面，中国对外投资规模不断扩大，对外投资模式以资本带动产品走出去为主，资本带动人才走出去规模小，结果就是就业结构调整与产业结构调整二者步伐不一致，进而影响到产业结构均衡化的实现；另一方面，中国传统产业结构根深蒂固，再加上配套措施并不完善，故而对外投资并未能顺利利用传统产业转移、新兴产业成长、产业关联等效应来促进产业结构均衡化水平。

第八，*OFDI* 与产业结构低碳化在 5% 显著水平正相关。通过 *OFDI* 将国内边际产业、高能耗产业转移出去，有利于国内的生态环境保护，有利于提高国内生产的低碳化水平。

四、VAR 分析

在采用最小二乘法实证分析后，利用全样本数据本节进一步对相关数据进行时间序列分析，主要采用 VAR 实证分析方法，但在进行 VAR 分析之前，本节首先分别检验了这五个被解释变量和解释变量之间的格兰杰因果关系，同时检验了数据是否具有平稳性，首先根据 AIC 准则检验了数据的滞后阶数，五个被解释变量均与进出、出口、*FDI* 和 *OFDI* 满足 2 阶滞后，其中五个被解释变量和进出、出口、*FDI* 和 *OFDI* 格兰杰因果关系结果见表 5－4，格兰杰因果关系表明进出、出口、*FDI* 和 *OFDI* 与被解释变量具有因果关系。同时对进出、出口、*FDI* 和 *OFDI* 对 5 个被解释变量进行正交脉冲响应分析，分析结果见图 5－6。

表 5－4　　格兰杰因果关系检验结果

被解释变量	解释变量	chi2	df	Prob > chi2
R	*FDI*	1.8449	2	0.098
R	*OFDI*	4.8981	2	0.086
R	*import*	0.11218	2	0.045
R	*export*	0.87618	2	0.045
1/*TL*	*FDI*	4.2018	2	0.022
1/*TL*	*OFDI*	14.432	2	0.001
1/*TL*	*import*	8.4686	2	0.014
1/*TL*	*export*	12.546	2	0.002
θ	*FDI*	10.533	2	0.005
θ	*OFDI*	0.99877	2	0.607

续表

被解释变量	解释变量	chi2	df	Prob > chi2
θ	*import*	23. 104	2	0. 000
θ	*export*	23. 993	2	0. 000
EL	*FDI*	2. 7615	2	0. 051
EL	*OFDI*	22. 686	2	0. 000
EL	*import*	2. 601	2	0. 072
EL	*export*	1. 5595	2	0. 059
ISEE	*FDI*	29. 875	2	0. 000
ISEE	*OFDI*	22. 1	2	0. 000
ISEE	*import*	7. 3932	2	0. 025
ISEE	*export*	13. 716	2	0. 001

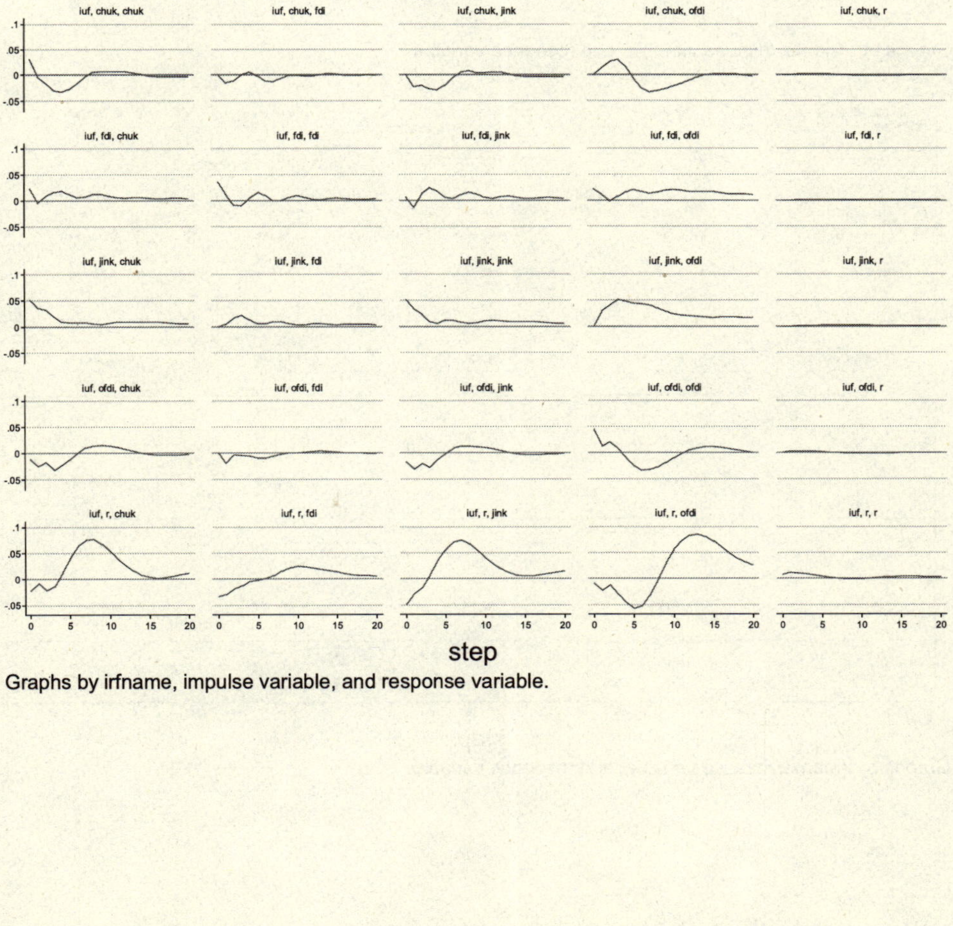

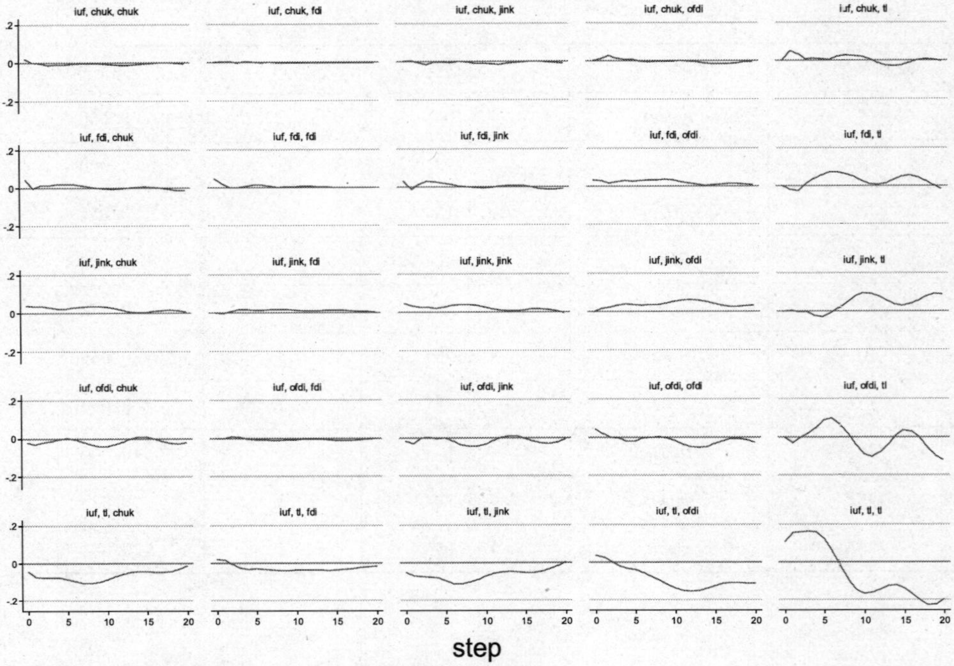

Graphs by irfname, impulse variable, and response variable.

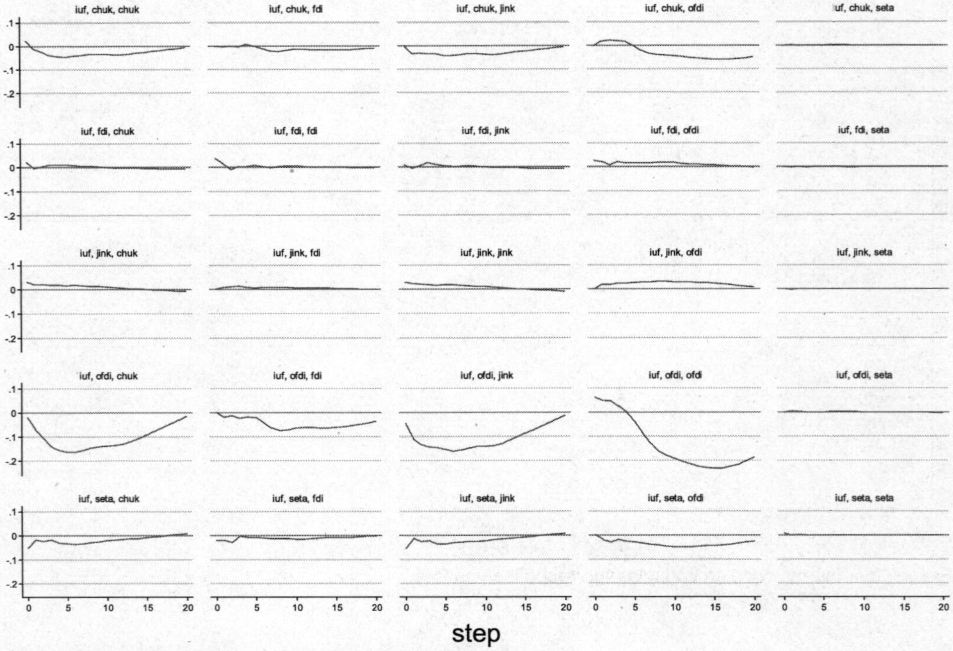

Graphs by irfname, impulse variable, and response variable.

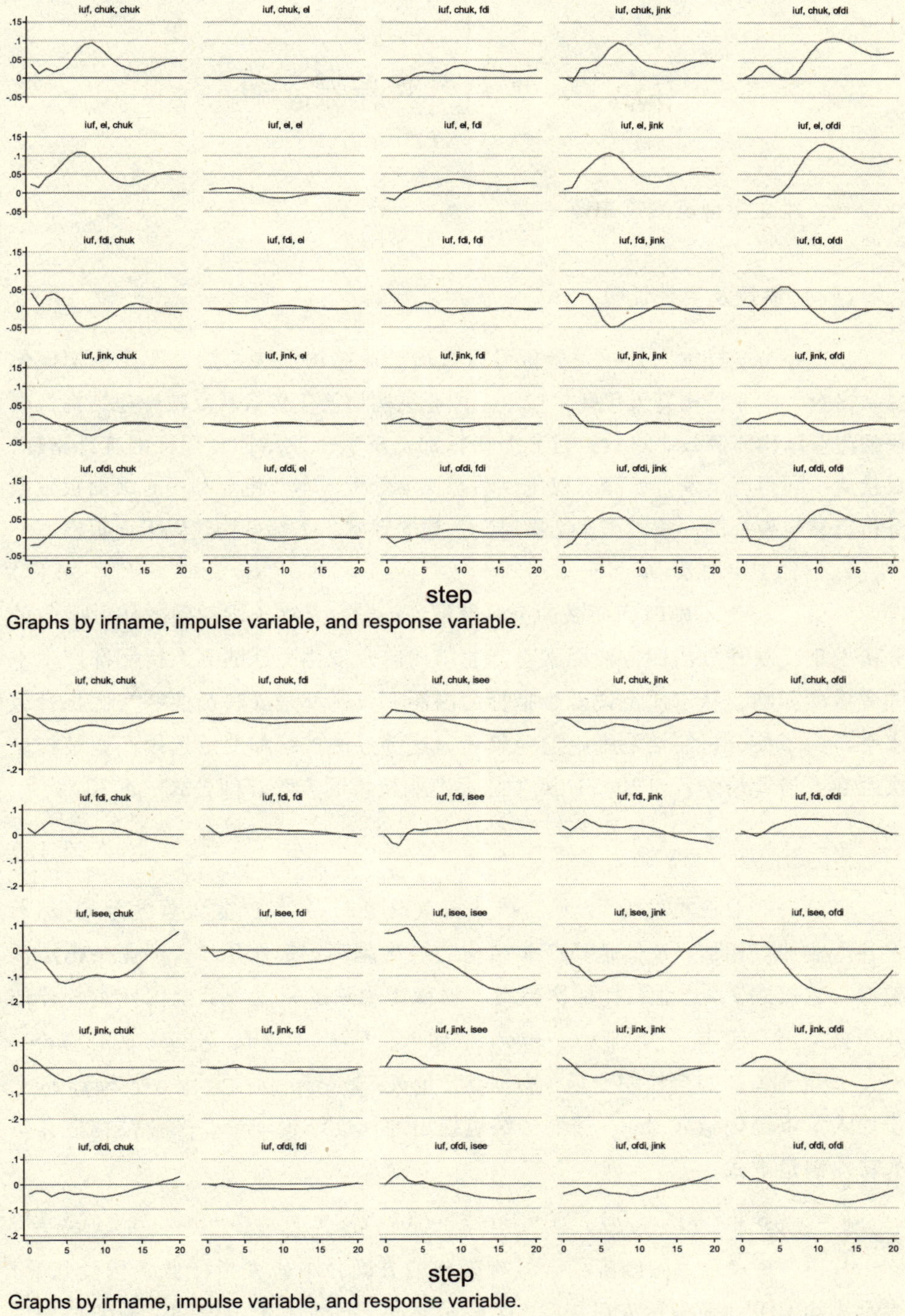

图 5－6　VAR 脉冲响应图

第二节　面板数据回归分析

一、建立模型及数据来源

（一）模型及变量说明

从上一节全样本回归结果分析可以看出产业结构层次系数，产业结构优化泰尔指数、产业结构高级化摩尔指数、产业结构均衡化指数及反映产业结构低碳化的产业结构能源效率指数，这五个指标都是反映产业结构合理度的统计指标，只是从不同角度出发，如静态视角或动态视角分析，本节主要利用省级面板数据分析贸易与投资的开放对产业结构层次系数的影响，本部分构建以下面板模型：

$$Y_{it} = X'_{it}\beta + Z'_{i}\delta + u_i + \varepsilon_{it} \tag{5.12}$$

其中，Z_i 为不随时间而变的个体特征，$u_i + \varepsilon_{it}$为复合扰动项。从上一节的分析发现反映开放的四方面因素对产业结构向合理化变迁的五大指标都产生不同程度的影响，从本质上说五个指标的内涵一致，都是反映产业结构优化升级水平，为了使分析简洁清晰，避免赘述，这部分的被解释变量选用产业结构层次系数。借鉴靖学青（2005）赋予三大产业权重的方法，即公式（5.13）：

$$\mathrm{R} = \sum_{i=1}^{3} i\gamma_i\,,\ \gamma_i = \frac{Y_i}{Y} \tag{5.13}$$

将第一产业权重设为1，第二产业权重设为2，第三产业权重设为3，然后将各产业加权相加。R 值越高产业结构的层次越高。越接近1，产业结构层次越低；越接近3，产业结构层次越高。解释变量除了和上一节全国样本一样的九个核心解释变量，分别为：*import*、*export*、*FDI*、*OFDI*、*p_ gdp*、$p\_\ gdp^2$、*edu*、*egl*、*caiz*，四个控制变量，分别为：*jiaot*、*guoyou*、*chengqu*、*chengz*，进一步加入了市场化指数 shic。按照钱纳里提出的标准结构理论，产业结构应具备的特点满足下式：

$$R = \alpha + \beta_1 \ln Y + \beta_2\ (\ln Y)^2 + \gamma_1 \ln N + \gamma_2\ (\ln N)^2 + \sum \delta_i T_i + \varepsilon F \tag{5.14}$$

其中，R 表示一国经济社会结构变化的方面，本研究指产业结构变化，Y 表示人均 GDP，N 表示人口规模，T 表示时间，F 表示资本流动。需要特别说明的是市场化指数（shic），市场化指数使用的是樊纲和王小鲁（2017）编制的最新分省份市场化指数，市场化指数是由政府与市场的关系、非国有经济的发展、产品市场的发育程度、要素市场的发育程度、市场中介组织发育和法律制度环境五个方面指数组成。这五个方面的指数经过确定权重形成总指数，反映不同省份市场化进程水平，本节研究使用的是总指数。

（二）数据来源

本章分析的原始数据中，进口、出口的数据均来源于各省市历年统计年鉴，OFDI 原始数据来源于历年《中国对外投资公报》，这 4 个变量的原始数据按照各年汇率进行了折算。人均受教育年限、恩格尔系数由各省市统计年鉴的原始数据计算所得。财政支出、人均 GDP 数据来自历年各省市统计年鉴，并用 GDP 平减指数折算为 1991 年不变价。市场化指数来自樊纲编写的《中国分省市市场化指数报告》，其他计量分析所需数据来自 EPS 数据库或中经网统计数据库整理所得。为了保持本书整体数据时间的一致性，将实证检验的时间段定为 1999—2016 年。由于数据可得性的问题，分析的省级面板数据为不包括中国港、澳、台地区在内的 31 个省与直辖市。

二、回归估计与讨论

在分析中国各省 1999—2016 年进口、出口、*FDI* 和 *OFDI* 对产业结构优化升级影响，本节采用固定效应和随机效应面板模型。被解释变量为产业结构层次系数，解释变量除进口、出口、*FDI* 和 *OFDI* 以外，还包括人均 GDP、人均 GDP 平方、政府财政支出、人均受教育年限、恩格尔系数以及市场化指数，对被解释变量和解释变量取对数，它们描述性统计结果见表 5 - 5。

表 5 - 5　　　　数据统计性描述

Variable	Obs	Mean	Std. Dev.	Min	Max
y	558	2. 278	0. 128	2. 028	2. 797
p_ gdp	558	9. 886	0. 85	7. 807	11. 68
caiz	558	7. 045	1. 156	3. 903	9. 506
edu	527	2. 086	0. 175	1. 081	2. 497
egl	558	-1. 015	0. 141	-1. 556	-0. 665
FDI	558	11. 791	2. 025	0. 693	15. 096
import	558	13. 607	1. 874	9. 001	17. 984
export	558	13. 291	2. 072	6. 96	17. 634
OFDI	403	11. 033	2. 377	4. 605	16. 38
shic	551	1. 806	0. 489	-1. 238	2. 671

资料来源：由 stata12. 0 统计软件计算得出。

在使用固定效应的面板模型估计方程（5.12），解释变量 *OFDI* 会存在内生性问题。为了解决内生性问题，本书以解释变量 *OFDI* 的滞后一期变量作为工具变量，然后采用 2SLS 方法对面板数据进行估计。Hausman 检验显示，Prob > chi2 = 0.04414 < 0.1，因此，选用固定效应模型，下面将采用固定效应模型的面板数据模型进行研究。

省级全样本回归见表 5 - 6，回归结果表明：*shic*、*egl*、*caiz*、*p_ gdp* 对产业结构层次系数影响非常显著。市场化水平、政府财政支出在 1% 水平与产业结构层次系数显著正相关。市场化指数与政府财政支出对产业结构层次系数同时具有显著的正向影响，这表明中国需要进一步将市场治理与科层治理结合起来，将看得见的手与看不见的手结合起来，共同促进产业结构层次提升推动经济增长。*egl* 对产业结构层次显著负相关，可以表明需要不断引导调整消费水平、心理、方式和结构，从而推动产业结构升级。出口在 10% 水平与产业结构层次系数显著正相关，而进口对产业结构层次的影响并不显著，下一步应继续实施扩大出口战略，带动产业结构层次提升。*OFDI* 对产业结构层次系数的影响比 *FDI* 显著性更强，*FDI* 与 *OFDI* 对产业结构层次系数均是正向影响。不仅要扩大出口，商品走出去，还要通过资本走出去，将国内边际产业转移出去，提升产业结构层次。省级面板数据回归结论与上一节全样本数据回归结论基本一致。

表 5 - 6　　　　省级面板数据估计结果

Variable	(1) fe	(2) re
shic	0.0314 ***	0.0356 ***
	(2.98)	(3.35)
OFDI	0.0586 **	0.0532 *
	(1.37)	(1.22)
export	0.0749 *	0.0854
	(1.36)	(1.57)
import	0.0730	0.0253 *
	(1.34)	(0.47)
FDI	0.0229 *	0.0110
	(0.07)	(0.03)
egl	-0.169 ***	-0.164 ***
	(-8.14)	(-7.81)

续表

Variable	(1) fe	(2) re
edu	0.1416	0.0888
	(0.75)	(0.02)
caiz	0.0872 ***	0.0640 ***
	(5.67)	(4.59)
p_ gdp	0.218 ***	0.209 ***
	(2.73)	(2.60)
p_gdp^2	0.00747 *	0.00874 **
	(1.91)	(2.21)
IV（*L_ OFDI*）	0.000548 *	0.000212 *
	(0.14)	(0.05)
_ cons	2.917 ***	2.843 ***
	(7.35)	(7.04)
N	336	336

注：*t* statistics in parentheses，* $p<0.1$，** $p<0.05$，*** $p<0.01$。

三、分区域回归分析

为了对比不同区域贸易和投资的开放对产业结构优化升级的影响，把全国分成东、中、西三大区域，分别分析东、中、西部地区进口、出口、*FDI* 和 *OFDI* 对产业结构优化升级的影响，三大区域包含省份如表 5－7 所示。

表 5－7　　东、中、西三大区域包含省份

区域	包含省区（市）
东部（11）	北京、天津、河北、辽宁、上海、江苏、浙江、福建、山东、广东、海南
中部（8）	山西、吉林、黑龙江、安徽、江西、河南、湖北、湖南
西部（12）	四川、重庆、贵州、云南、西藏、陕西、甘肃、青海、宁夏、新疆、广西、内蒙古

在采用面板模型分析时，固定效应和随机效应固定面板模型回归结果的 Hausman 检验表明，无论是东部地区、中部地区还是西部地区，固定效应面板模型的回归结果都要优于随机效应面板模型的回归结果，东部地区、中部地区还是西部地区 Hausman 检验结果分别为：Prob > chi2 = 0.001345 < 0.1；Prob > chi2 = 0.002938 < 0.1 和 Prob > chi2 = 0.04414 < 0.1。东、中、西部地区回归结

果见表5－8，回归结果表明：第一，进口、出口、*FDI*和*OFDI*与产业结构优化升级之间呈现同方向变动关系，说明不论是东部地区、中部地区还是西部地区，进口、出口、*FDI*和*OFDI*发展均能够促进产业结构优化升级。第二，进口、出口、*FDI*和*OFDI*对产业结构优化升级影响的普遍性规律来看，东部地区作用最强、中部地区次之、西部地区最弱。第三，教育水平、财政支出和人均GDP增加也能对产业结构优化升级带来积极影响，恩格尔系数降低能够促进产业结构优化升级。

表5－8　　东、中、西部地区计量回归结果

Variable	fe	re	fe	re	fe	re
shic	0.384***	0.0397	0.0307	0.0747	0.0341**	0.0109
	(3.64)	(1.55)	(1.14)	(1.31)	(2.44)	(0.54)
OFDI	0.0359**	0.0129	0.0317**	0.00994	0.00147	0.0191*
	(0.79)	(1.39)	(2.12)	(1.46)	(0.23)	(1.50)
export	0.121***	0.00407	0.0490**	0.0171	0.0100*	0.0288
	(4.28)	(0.36)	(3.31)	(1.53)	(1.12)	(1.89)
import	0.0612***	0.0132	0.0291**	0.0242*	0.0100	0.00174
	(1.20)	(2.32)	(2.83)	(1.69)	(0.93)	(0.17)
FDI	0.0355***	0.00627	0.0311**	0.0438**	0.0172***	0.00665*
	(0.72)	(1.35)	(4.54)	(4.04)	(1.50)	(2.77)
egl	−0.149***	−0.0126	−0.263***	−0.0177	−0.120***	−0.0293
	(−5.34)	(−0.10)	(−6.75)	(−0.26)	(−2.87)	(−0.36)
edu	0.583**	0.205**	0.321**	0.0415	0.0598	0.0746
	(2.28)	(2.03)	(2.33)	(0.47)	(0.63)	(0.73)
caiz	0.169***	0.112**	0.0352	0.00202	0.0793***	0.0192
	(6.64)	(2.17)	(1.20)	(0.15)	(2.83)	(1.10)
p_gdp	0.363*	0.478	0.193	0.525	0.325	0.243
	(1.98)	(0.63)	(1.13)	(1.44)	(1.47)	(0.52)
p_gdp^2	0.0140**	0.0185	0.0740*	0.0252	0.0119*	0.0108
	(1.44)	(0.51)	(0.89)	(1.40)	(1.10)	(0.46)
L_OFDI	0.0139***	0.0322	0.00468**	0.00270	0.00303*	0.00705
	(1.53)	(0.75)	(0.82)	(0.19)	(0.51)	(0.58)
_cons	4.192***	3.556	0.971	4.571**	3.293***	3.626
	(4.37)	(0.86)	(1.09)	(2.43)	(3.13)	(1.58)
N	132	132	120	120	108	108

注：*t* statistics in parentheses; * $p<0.1$，** $p<0.05$，*** $p<0.01$。

第三节 本章小结

本章针对研究主题做了两部分计量分析，一部分是对全国的时间序列数据做回归分析，第二部分是对省级面板数据做回归分析。中国地域辽阔，各省区具有异质性，为了更加细致分析开放对产业结构的影响，将 31 个省直辖市面板数据做分析，同时将全国分成东、中、西三大区域进行回归分析。

第一，出口、进口在 1% 水平与 *R* 显著正相关。出口对 *R* 提升影响大于进口，影响系数分别为 0.0810、0.0698，出口增加 1 个百分点，*R* 提升 0.0810 百分点；进口增加 1 个百分点，*R* 提升 0.0698 个百分点，进出口结合在一起分析，对外贸易显著提升产业结构层次。*OFDI*、*FDI* 与 *R* 显著正相关，*OFDI* 对产业结构层次系数的影响显著性更强，影响系数更大。从影响系数大小可以发现，中国商品与资本“走出去”的思路对产业结构层次提升效果大于“引进来”。

第二，*FDI*、*export* 与产业结构优化在 5% 显著水平相关，*import*、*OFDI* 与产业结构优化在 10% 显著水平相关。其中 *FDI* 对产业结构优化呈负向影响关系，影响系数为 1.305，说明实际利用外资额越高，产业结构优化水平越低，外资分布在各产业不均衡，外资分布多的产业劳动生产率更高，这加剧了各产业劳动生产率的差异，使得产业结构优化水平降低。产业结构高级化是在产业结构优化基础上计算得出，是动态反映产业结构优化变迁的速度，贸易开放的 *import*、*export*，投资开放的 *FDI*、*OFDI* 对产业结构高级化的影响方向、大小基本与产业结构优化的指标分析结论相同。

第三，*FDI*、*OFDI* 对产业结构均衡化在 1% 显著水平相关。*OFDI* 呈现出负向影响关系。这说明 *OFDI* 越高就导致产业结构均衡化水平越低。究其原因，本书认为主要在于两个方面：一方面，中国对外投资规模不断扩大，对外投资模式以资本带动产品走出去为主，资本带动人才走出去规模小，结果就是就业结构调整与产业结构调整二者步伐不一致，进而影响到产业结构均衡化的实现。另一方面，中国传统产业结构根深蒂固，再加上配套措施并不完善，故而对外投资并未能顺利利用传统产业转移、新兴产业成长、产业关联等效应来促进产业结构均衡化水平。

第四，*OFDI* 与产业结构生态化在 5% 显著水平正相关。通过 *OFDI* 将国内边际产业、高能耗产业转移出去，有利于国内的生态环境保护，有利于提高国内生产的低碳化水平。

第五，分区域面板数据回归分析结果显示，不论是东部地区、中部地区还是西部地区，进口、出口、*FDI* 和 *OFDI* 发展均能够促进产业结构升级。进口、出口、*FDI* 和 *OFDI* 对产业结构升级影响的普遍性规律来看，东部地区作用最强、中部地区次之、西部地区最弱。教育水平、财政支出和人均 GDP 增加也能对产业结构升级带来积极影响，恩格尔系数降低能够促进产业结构升级。

第六，无论全样本时间序列数据分析还是面板数据分析都发现恩格尔系数对反映产业结构优化升级的 5 方面指标都有显著负向影响，这一结论符合经济学理论，也符合现实。如果恩格尔系数高说明消费需求多停留在对食品等生活必需品上，消费层次低，为满足消费提供生产的产业结构层次自然也不会高。人均收入提高，消费需求总量也会提高，消费的观念与偏好也会发生变化，自然对产业结构合理化变迁有积极影响。

第七，表示人力资本水平与技术水平的指标对产业结构优化升级的各方面指标影响并不显著，感觉不符合经济学理论。本书分析可能在中国经济发展，产业结构优化升级进程中，人力资本水平与技术水平的贡献并没有发挥出来，而是更多地依靠资本、依靠丰富而廉价的劳动力实现。要实现产业结构优化升级，避免陷入中等收入陷阱当中，就必须要提高自身的核心竞争力，这要通过人力资本水平与技术创新实现。

第八，政府财政支出与产业结构层次系数、产业结构均衡化、产业结构优化与产业结构高级化显著正相关，与产业结构低碳化显著负相关。产业结构均衡化与低碳化受政府财政支出影响最显著，财政支出都是在 1% 显著性水平影响两者。财政支出与产业结构低碳化显著负相关，这说明政府财政支出越多，产业结构低碳化水平越低。可能的原因有几个方面：一是产业政策策略化选择导致要素流动不合理；二是政府财政支出尽管总量在上升，但需要进行支出的结构性调整；三是政府财政支出资金使用成本低，同时存在对财政支出资金使用监管不到位的问题，导致财政支出的资金利用效率不高。

第九，人均收入与产业结构均衡化在 5% 显著水平下正相关，与产业结构低碳化在 5% 显著水平下负相关，对其他三个指标影响不显著。人均收入水平提高部分原因是中国经济向工业化、现代化、城市化发展，大量劳动力从农村流向城市，由农业向非农产业转移，这会提高产业结构与就业结构的对称性。人均收入与产业结构低碳化显著负相关，表明经济发展水平越高，单位能耗生产的产值越小，形成生态化产业结构迫在眉睫。

第六章

贸易和投资的开放对产业结构影响：一个经验分析

中国这个原本世界上最贫穷的国家，通过改革开放带来的发展机遇，取得了奇迹般的成就，这个过程就是不断扩大开放的过程。2013 年 9 月和 10 月，中国国家主席习近平在出访中亚和东南亚国家期间，先后提出共建“丝绸之路经济带”和“21 世纪海上丝绸之路”的“一带一路”倡议。“一带一路”倡议正在成为经济全球化时代中国对外开放新模式的名片，它所代表的对外开放新模式，对中国产业结构优化升级会生产什么影响？本章以“一带一路”倡议的提出为案例，经验验证前文的分析结论。

第一节 “一带一路”沿线国家贸易和投资对中国产业结构影响经验验证

在国际贸易理论体系中，无论是绝对比较优势理论还是相对比较优势理论，最终均是反映在贸易双方的产业优势上。新贸易理论在突破传统贸易理论仅关注产业发展的基础上深入到企业贸易投资领域，进一步对国际贸易投资影响因素进行了分析。影响国际贸易投资的因素既涉及投资国自身的内部因素，如人力资本水平、消费结构、市场规模、政府宏观调控、基础设施水平、城市化水平、市场化水平、技术水平等因素，又涉及引资国的市场规模、资源禀赋、政治稳定性、区位条件等因素。从宏观层面看，产业投资选择是一个动态化过程，这一过程必然受到诸多因素的影响，且不能对其进行直接的测度。中国与“一带一路”国家的贸易中，对外直接投资规模已经明显大于外商直接投资规模，即说明中国在和“一带一路”国家的贸易中处于产业对外转移阶段。产业的国际直接投资与转移理论认为，对外直接投资是一国产业结构转型升级的必然演化路径，同时对外直接投资又与投资国的经济社会发展战略和引资国的产业投资发展需求直接相关，因此对外直接投资通过影响产业贸易和产业转移等因素，进而会同时影响投资国和引资国的产业结构。因此，投资国需要根据特定的产业发展阶段和需求，合理选择投资方向进行产业转移。引资国对投资国产业结构转型升级的影响效应究竟如何？哪些影响因素具有显著影响？哪些因素应该引起投资国的重点关注？这些问题的回答需要深入的分析和实证检验的支撑。本章分为两部分进行，首先利用中国与“一带一路”沿线64个国家的外贸、双边投资的数据实证分析“一带一路”倡议带来的开放新模式对中国产业结构产生的影响。然后将“一带一路”沿线国家分成六大区域，分析这些国家经济体量、资源情况以及制度等因素通过开放的中介效应对中国产业结构产生的影响。

一、模型构建

Chenery 模型在分析国际贸易对产业结构影响的实证研究中具有广泛的应用，但由于实际研究背景的不同，为了适应现实情况，不断有学者在其研究中对 Chenery 模型进行改进和拓展（靖学青，2005；毛丹剑，2012；遇芳，2013等）。基本的 Chenery 模型为：

$$R = \alpha + \beta_1 \ln Y + \beta_2 (\ln Y)^2 + \gamma_1 \ln N + \gamma_2 (\ln N)^2 + \sum \delta_i T_i + \varepsilon F \tag{6.1}$$

其中，R 表示一国经济社会结构变化的方面，本研究中指产业结构变化，Y 表示人均 *GDP*（*p_ gdp*），N 表示人口规模，T 表示时间，F 表示资本流动（进口、出口、投资和储蓄等）。由于在 Chenery 模型是一个包含开放因素的模型，即允许资本的跨国流动，因此本研究在此基本模型中引入 *FDI*、*OFDI* 和进出口等资本流动因素。由于“一带一路”倡议实施时间较短，因此这里忽略时间因素 T，且短期内产业结构调整必然不会出现偶然性的急剧转变，即几乎不可能出现拐点，因此忽略平方项，并采用李坤（2016）在分析 *OFDI* 对产业结构影响中的实证分析做法，则模型变形为：

$$R_t = \alpha + X_t'\beta_t + \varepsilon_t \tag{6.2}$$

其中，X_t'表示包含 *FDI*、*OFDI*、进口（*import*）、出口（*export*）、人力资

本水平（*edu*）、消费结构（*egl*）、表示政府宏观调控的政府财政支出（*gov*）以及控制变量（*CV*）等因素，将式（6.2）展开为下式：

$$R_t = \alpha + \beta_1 p\_gdp_t + \beta_2 fdi_t + \beta_3 ofdi_t + \beta_4 import_t + \beta_5 \mathrm{export}_t + \beta_6 edu_t + \beta_7 egl_t + \beta_8 gov_t + \sum \lambda_j CV_j + \varepsilon_t \quad (6.3)$$

其中，控制变量 CV_j 包括：交通基础设施密度（*jiaot*）、市场化水平（*guoyou*）、城市化水平（建成区面积 *chengqu*、城镇人口占比 *chengz*）等因素，为了实证研究需要，将解释变量进行无量纲处理，即对等式（6.3）右边取对数：

$$R_t = \alpha + \beta_1 \ln p\_gdp_t + \beta_2 \ln fdi_t + \beta_3 \ln ofdi_t + \beta_4 \ln import_t + \beta_5 \ln \mathrm{export}_t + \beta_6 \ln edu_t + \beta_7 \ln egl_t + \beta_8 \ln gov_t + \sum \lambda_j \ln CV_j + \varepsilon_t \quad (6.4)$$

式（6.4）即为本部分实证研究的计量经济学模型。

二、变量选择与数据来源

产业选择直接决定了产业转型升级是否可以实现，影响产业选择的指标有*FDI*、*OFDI*、进口、出口等，还涉及人力资本水平、消费结构、市场规模、政府宏观调控、基础设施水平、城市化水平、市场化水平等因素，而度量产业结构优化升级的统计指标有产业结构层次系数、产业结构优化泰尔指数、产业结构高级化 Moore 指数、产业结构均衡化指数、产业结构低碳化指数等。下面将对本部分研究中所选取的变量进行解释。*FDI* 和 *OFDI* 均为中国对“一带一路”国家的投资额，进口总额和出口总额均是中国与“一带一路”国家贸易发生额，这些指标均可直接获取数据，不用寻找替代变量。在影响产业投资选择的指标中有某些指标并没有直接变量可以进行衡量，因此需要选择替代变量进行分析。这里采用人均受教育年限衡量人力资本水平，用 Engel 系数（*egl*）衡量消费结构，用人均 *GDP*（*p_ gdp*）衡量市场规模，用财政支出衡量政府宏观调控，用交通里程值衡量基础设施水平，用建成区面积和城市人口占比衡量城市化水平，用国有企业固定资产投资额衡量市场化水平。

（一）变量度量阐释

1. 被解释变量的构造与度量解释

结合已有研究文献（靖学青，2005）和第五章内容，本部分研究将采用产业结构层次系数作为被解释变量，这一指标具有广泛的应用，其数学表达为：

$$R = \sum_{1}^{3} iy_i , y_i = \frac{Y_i}{Y} \tag{6.5}$$

其中，R 表示一国产业结构层次系数，本部分表示中国的产业结构层次系数，且 $1 < R < 3$，R 值越大表示该国产业结构层次越高，即 R 值越大（趋近于 3）表示第三产业占比越高，产业结构越符合知识经济社会发展的产业结构形态，R 值趋近于 1 表示该国产业结构层次较低，符合传统农业社会的产业结构形态，R 值趋近于 2 表示该国处于工业化时期，符合工业社会的产业结构形态。i 表示第几产业，y_i 表示 i 产业占比，Y 表示三次产业总产值（GDP），Y_i 表示 i 产业产值。

2. 解释变量的构造与度量解释

根据已有文献研究方法，在测度影响产业结构变动因素的贡献率时，学者们广泛采用投资国与引资国贸易发生额进行变量构造和解释，本部分研究将采用这一通用做法，对中国"一带一路"国家的 *FDI*、*OFDI*、进口和出口发生额进行加总，以分离出中国与"一带一路"国家贸易对中国产业结构变动的影响效应，具体数理表达为：

$$fdi_t = \sum_{i=1}^{64} fdi_{i,t} \tag{6.6}$$

$$ofdi_t = \sum_{i=1}^{64} ofdi_{i,t} \tag{6.7}$$

$$import_t = \sum_{i=1}^{64} import_{i,t} \tag{6.8}$$

$$\text{export}_t = \sum_{i=1}^{64} \text{export}_{i,t} \tag{6.9}$$

其中，i 表示"一带一路"的某个国家，t 表示某一时间，fdi_t、$ofdi_t$、$import_t$、export_t 均表示中国与"一带一路"沿线 64 个国家的贸易发生额。此外，其他解释变量均为中国的实际直接数据。

（二）数据来源

本部分实证数据为 1999—2016 年"一带一路"国家的时间序列数据，其中有关 engel 系数数据、财政支出数据、建成区面积数据、城市人口占比数据均来自历年《中国统计年鉴》数据，并将名义数据以 1991 年为基期进行实际值换算。中国与"一带一路"各国三次产业占比数据、FDI 数据、OFDI 数据来自世界银行数据库（WBD），中国与"一带一路"各国进口额和出口额数据来自中国商务部等官方机构公布的历年《中国对外投资统计公报》。此外，部分数据还采用国泰安 CSMAR 数据库数据。在进行回归分析之前，对各解释变量和控制变量进行取对数处理。相关描述性统计结果见表 6 - 1。

表 6 - 1　　　　描述性统计

变量名称	样本数量	均值	标准差	最小值	最大值
R	18	2.33	0.05	2.227	2.43
fdi	18	532320.2	199898.7	298722	868542
ofdi	14	760053.2	633832.9	20179	1889548
export	18	29400000	22500000	2568750	64200000
import	18	23900000	16500000	2571909	48400000
edu	17	8.2	0.62	7.114	9.08
egl	16	36.75	2.61	29.3	42.07
p_ gdp	18	25612.67	16058.75	7229	53935
caiz	18	10.9	0.88	9.48712	12.14

由表 6 - 1 可见，随着中国经济不断发展，中国的产业结构层次在上升，对“一带一路”国家的投资水平在提高，与“一带一路”国家的经贸合作在不断提升。中国的人均受教育年限水平有明显的提升，即中国的人力资本水平在提高；Engel（egl）系数显著降低，中国居民家庭的消费结构在不断改善；人均 gdp（p_ gdp）具有明显的增加，中国居民的收入有显著的提升。

三、回归结果与分析

从表 6 - 2 的回归结果可知，衡量中国对外开放度的指标——进口和出口均对中国的产业结构层次存在显著的影响，向“一带一路”国家的出口对中国的产业结构层次存在正向影响，而与“一带一路”国家的进口呈现负相关，中国与“一带一路”国家国际贸易对中国产业结构层次影响的出口效应明显大于进口效应，说明中国对“一带一路”国家的出口能够有效地消化过剩产能和进行产业转移，进而促进国内产业结构的优化升级。从国内影响因素来看，消费结构[$ln(egl)$]、市场规模[$ln(p\_gdp)$]和政府宏观调控[$ln(caiz)$]均对中国的产业结构层次有显著的影响，其中消费结构[$ln(egl)$]对产业结构层次存在负向影响，即 Engel 系数的下降能够促进中国产业结构的升级，而市场规模[$ln(p\_gdp)$]和政府宏观调控[$ln(caiz)$]对产业结构层次均具有正向影响，即收入水平的提升和适当的政府干预能够促进中国的产业结构转型升级，这一结论符合中国实际国情和经济社会发展的一般规律。

表6-2　　　　回归结果

VARIABLES	R
ln（*fdi*）	0.0171
	(0.0163)
ln（*ofdi*）	0.0183
	(0.101)
ln（*export*）	0.0503***
	(0.0121)
ln（*import*）	-0.0447**
	(-0.0135)
ln（*edu*）	0.0836
	(0.0638)
ln（*egl*）	-0.249***
	(-0.0577)
ln（*p_ gdp*）	0.155**
	(0.0559)
ln（*caiz*）	0.135**
	(0.0411)
Constant	1.642***
	(0.128)
控制变量	*Yes*
Observations	15
R-squared	0.995

注：t statistics in parentheses；* $p<0.1$，** $p<0.05$，*** $p<0.01$。

第二节　“一带一路”沿线国家特点通过开放对中国产业结构影响

上文分析了中国与“一带一路”国家经贸往来对中国产业结构变动的影响，结论证实了中国实施的“一带一路”倡议对中国产业结构转型升级具有显著的作用。但是，国际贸易和对外直接投资是一个动态化过程，中国对“一带一路”各国的经贸往来和直接投资不仅取决于本国的经济社会发展条件，还会受到引资国经济社会发展水平、地理位置、要素禀赋、制度环境等因素的影响，显然，“一带一路”各国具有不同的经济发展水平、政治制度、资源禀赋和投资环境等条件。为了更好地促进中国产业结构转型升级，并尽可能降低对外投资风险，合理的对外产业投资策略是有效提升产业结构层次的必然选择。由于第一节的分析没有充分考虑到引资国特殊国情的影响作用，为了能够更好地对中国产业结构转型升级的策略选择提供启示，接下来将对第一节中的计量模型进行改进，尝试作出更加全面和深入的分析。

一、研究思路和研究假设

（一）研究思路

投资国对引资国的产业投资选择必然是从本国的经济发展水平与对外直接投资发展阶段出发，结合引资国的经济社会发展水平、地理位置、要素禀赋、制度环境等背景进行选择的，这样才能有助于本国的产业结构转型升级。只有选择与本国产业具有很强关联性和匹配度的产业进行投资才能有利于本国产业发展，否则将没有实际效果。本部分将在第一节理论模型的基础上，对解释变量进行扩展，分析引资国的经济发展水平、政治制度稳定性、资源禀赋对中国直接投资产业选择的影响，进而分析对中国产业结构优化升级的影响。

（二）研究假设

1. 引资国市场因素

引资国市场发展水平涉及收入水平、市场规模和产业结构层次等因素。Dunning 的相关研究指出，无论是投资国还是引资国的经济社会发展水平都会影响对外直接投资，经济发展水平越高的国家其资本实力越雄厚，投资能力越强，选择产业投资越广泛。已有的实证研究也证实了市场因素对产业投资选择具有重要影响。投资国是否选择向引资国进行直接投资以及投资规模的大小取决于引资国的收入水平和市场规模。此外，边际产业转移理论表明，投资国进行对外直接投资必然选择具有边际竞争力的产业。目前，结合中国“供给侧”改革和产能过剩的情况，中国通过对外直接投资进行的产业转移是以制造业为主的，因此具有较高经济发展水平和较为完善工业体系的国家，直接投资的边际回报较低，可选择的投资产业也较少，而对于具有市场优势的国家进行投资则是有利的。

假设1：引资国市场规模越大对投资国产业结构层次提升越有作用。

2. 引资国资源禀赋因素

引资国资源禀赋条件既包含自然资源禀赋又包含人力资本等非自然资源禀赋，引资国的自然资源丰富程度、人力资本水平、产业基础、劳动力规模、资本积累程度等均会对投资国是否选择进行直接投资产生重要影响。

假设2：引资国自然资源禀赋越好对投资国产业结构层次提升越有利。

3. 引资国投资环境因素

引资国投资环境涉及其政治稳定性、民主自由化程度、市场化程度等因素，根据产权经济学理论可知，政治制度稳定性程度越高其产权保护程度会越好，投资者的利益更有保障，而政治稳定性越差投资者面临的投资风险就会越高。民主自由化程度代表了一国现代化水平的高低，是市场活跃度以及创新能力的重要指示器。市场化程度不仅决定了引资国的市场准入程度，也决定了投资前景。从规避投资风险并顺利进行产业转移的视角看，选择政治稳定性高和民主自由化程度高的国家进行直接投资是最优选择。

假设3：引资国政治稳定性越强对投资国产业结构层次提升影响越强。

4. 引资国区位因素

引资国的区位因素涉及所处地理位置、与投资国的战略关系、文化等因素。引资国与投资国的地理位置远近是影响投资国产业转移的一个重要因素，因为地理位置的远近影响运输成本。在国际政治经济合作中，投资国与引资国的战略定位决定了双方经贸合作的规模和投资水平，投资国对引资国的战略定位越高就越会选择进行直接投资和产业转移。引资国的特殊文化对地缘经贸合作具有重要的影响。因此，本部分将对“一带一路”64 国进行区位划分，分为六个区域，即独联体国家 + 蒙古、东南亚国家、南亚国家、中亚国家、西亚 + 北非国家、中东欧国家。

假设4：引资国区位因素会影响到投资国产业结构层次提升。

二、模型构建

本部分在上一部分的实证模型基础上，对解释变量进一步优化，引入引资国的市场规模、自然资源禀赋、政治稳定性、区位条件等因素，重新审视中国

表 6-3 $f_1 - f_6$ 六大区域划分（除中国）

区域	国家名称
独联体+蒙古（f_1）	俄罗斯、白俄罗斯、乌克兰、摩尔多瓦、蒙古
东南亚（f_2）	印度尼西亚、马来西亚、菲律宾、新加坡、泰国、文莱、越南、老挝、缅甸、柬埔寨、东帝汶
南亚（f_3）	尼泊尔、不丹、印度、巴基斯坦、孟加拉国、斯里兰卡、马尔代夫
中亚（f_4）	哈萨克斯坦、土库曼斯坦、吉尔吉斯斯坦、乌兹别克斯坦、塔吉克斯坦、阿富汗
西亚+北非（f_5）	伊朗、伊拉克、格鲁吉亚、亚美尼亚、阿塞拜疆、土耳其、叙利亚、约旦、以色列、巴勒斯坦、沙特阿拉伯、巴林、卡塔尔、也门、阿曼、阿 拉伯联合酋长国、科威特、黎巴嫩、埃及
中东欧（f_6）	阿尔巴尼亚、波斯尼亚和黑塞哥维那、保加利亚、克罗地亚、捷克、爱沙尼亚、匈牙利、拉脱维亚、立陶宛、马其顿、黑山、罗马尼亚、波兰、塞尔维亚、斯洛伐克、斯洛文尼亚

与“一带一路”国家经贸合作对中国产业结构变动的影响。实证模型（6.2）展开为：

$$R_{it} = \alpha + \beta_1 import_{it} + \beta_2 export_{it} + \beta_3 fdi_{it} + \beta_4 ofdi_{it} + \beta_5 X_1 + \beta_6 X_2 + \beta_7 X_3 + \varepsilon_{it} \tag{6.10}$$

其中，R_{it}是指产业结构优化升级情况，即产业结构层次系数，进口（$import_{it}$）是指中国与“一带一路”国家的进口额，出口（$export_{it}$）是指中国与“一带一路”国家的出口额，fdi_{it}是“一带一路”国家对中国的外商直接投资额，$ofdi_{it}$指中国对“一带一路”国家的直接投资额，i是指除中国外的“一带一路”某国，t是指时间。新增解释变量为$X_x, x=1,2,3$，X_1是指第i国第t年市场规模与投资国（中国）直接投资$ofdi_{it}$的交互项，X_2是指第i国第t年政治稳定性与投资国（中国）直接投资$ofdi_{it}$的交互项，X_3是指第i国第t年自然资源禀赋与投资国（中国）直接投资$ofdi_{it}$的交互项，这里使用 OFDI 作为交互项因子的原因是，近年来在中国与“一带一路”国家的经贸中，中国对“一带一路”国家的 OFDI 已经明显大于 FDI，是体现中国对外开放的重要指标。X_x的数学表达为：

$$\begin{aligned} X_1 &= p\_gdp_{it} * ofdi_{it} \\ X_2 &= institution_{it} * ofdi_{it} \\ X_3 &= resources_{it} * ofdi_{it} \end{aligned} \tag{6.11}$$

式（6.10）还可以写为：

$$R_{it} = \alpha + \beta_1 import_{it} + \beta_2 \mathrm{export}_{it} + \beta_3 fdi_{it} + \beta_4 ofdi_{it} + \beta_5 p\_gdp_{it} \cdot ofdi_{it} + \beta_6 institution_{it} \cdot ofdi_{it} + \beta_7 resources_{it} \cdot ofdi_{it} + \varepsilon_{it} \tag{6.12}$$

为了简化表达式，计量模型仍使用 X_x 表示新增变量。同时，由于解释变量的单位存在不可转换，因此需要对解释变量进行无量化处理，对等式右边同时取对数，实际的计量模型为：

$$R_{it} = \alpha + \beta_1 \ln import_{it} + \beta_2 \ln \mathrm{export}_{it} + \beta_3 \ln fdi_{it} + \beta_4 \ln ofdi_{it} + \beta_5 \ln X_1 + \beta_6 \ln X_2 + \beta_7 \ln X_3 + \varepsilon_{it} \tag{6.13}$$

三、变量选择与数据来源

对外直接投资是进行产业转移的方式，投资的产业选择直接决定了本国产业转型升级是否可以实现，体现产业选择最重要指标为投资国对引资国的 OFDI，同时进口、出口和 FDI 均会影响一国的产业选择。度量产业结构的指标有产业结构层次系数、产业结构优化泰尔指数、产业结构高级化 Moore 指数、产业结构均衡化指数、产业结构低碳化指数等。下面将对本部分研究中所选取的变量进行解释。

OFDI 均为中国对“一带一路”国家的投资额，FDI 为“一带一路”国家对中国的投资额，进口总额和出口总额均是中国与“一带一路”国家贸易发生额，这些指标均可直接获取数据，不用寻找替代变量。p_gdp_{it}是第 i 个引资国第 t 年的人均 GDP，$resources_{it}$是第 i 个引资国第 t 年的自然资源禀赋状况（即第 i 个引资国第 t 年矿石与金属出口占比与燃料占比的和），$institution_{it}$是第 i 个引资国第 t 年的政治稳定性指数（自由民主指数）。

（一）变量度量阐释

1. 被解释变量的构造与度量解释

本部分的被解释变量与第一节中一致，为产业结构层次系数公式（6.5）：

$$R = \sum_{1}^{3} i y_i , y_i = \frac{Y_i}{Y} \tag{6.5}$$

R 表示一国产业结构层次系数，且 $1 < R < 3$，R 值越大表示产业结构层次越高，即 R 值越大（趋近于 3）表示第三产业占比越高，产业结构越符合知识经济社会发展的产业结构形态，R 值趋近于 1 表示该国产业结构层次较低，符合传统农业社会的产业结构形态，R 值趋近于 2 表示该国处于工业化时期，符合工业社会的产业结构形态。i 表示第 i 产业，y_i 表示 i 次产业占比，Y 表示三

次产业总产值（GDP），Y_i 表示 i 产业产值。

2. 解释变量的构造与度量解释

引资国影响投资国产业投资选择的因素有市场规模、资源禀赋、投资环境和区位，对此分别引入市场规模变量、自然资源禀赋变量、政治稳定性变量，并对除中国以外的“一带一路”64 国进行区位划分。从模型的稳健性考虑，为了防止投资国对引资国直接投资较小因素对投资国产业结构变动产生夸大效应，避免模型设定偏误，以及度量长期中投资国对引资国直接投资是否能够反向影响投资国产业结构变动，因此模型中市场规模变量、自然资源禀赋变量、政治稳定性变量均与投资国对引资国的对外直接投资进行交互处理。$ofdi_{it}$为投资国对引资国的对外直接投资额，以 1990 年为基期。p_gdp_{it}是第 i 个引资国第 t 年的人均 GDP，这一指标变量是以 1990 年为基期的绝对值；$resources_{it}$是第 i 个引资国第 t 年的自然资源禀赋状况，即第 i 个引资国第 t 年矿石与金属出口占比与燃料占比的和；$institution_{it}$是第 i 个引资国第 t 年的政治稳定性指数（自由民主指数），其赋值区间为［-3，3］。需要对解释变量进行取对数处理。

（二）数据来源

本部分实证数据为 1999—2016 年“一带一路”国家的面板（分为六大区域）数据，其中有关中国的三次产业产值数据均来自历年《中国统计年鉴》数据，并将名义数据以 1990 年为基期进行实际值换算。“一带一路”各国三次产业占比数据、FDI 数据、OFDI 数据、人均 GDP 数据、矿石与金属出口占比与燃料出口占比、政治稳定性指数（Political Stability and Absence of Violence/Terrorism：Estimate）均来自世界银行数据库（WBD），其中绝对值数据均以 1990 年为基期，中国与“一带一路”各国进口额和出口额数据来自中国商务部等官方机构公布的历年《中国对外投资统计公报》。此外，部分数据还采用国泰安 CSMAR 数据库数据。在进行回归分析之前，对各解释变量进行取对数处理。

四、回归结果与分析

（一）回归结果

本部分将选择全部“一带一路”国家的数据进行分析，这些数据包含了“一带一路”国家全部地区和发展差异。因为无法满足所选地区同质性要求，因此选择面板模型进行统计回归分析更合适。数据为1999—2016年“一带一路”64个国家的面板数据，由于世界银行没有统计巴勒斯坦的相关数据，所以巴勒斯坦的数据不再进入实证模型。为了考察区位因素的影响，并凸显个体效应，本部分研究将“一带一路”64国（中国除外）划分为六大区域，即分为六个面板模型。使用面板模型往往会遇到以下几个问题：测量误差、变量遗漏、内生性、异方差、小样本偏差。在不忽视个体效应的情况下面板数据的OLS分析是有效可靠的。由于部分国家的数据有所缺失，是非平衡面板数据。本部分研究使用stata12.0对计量模型（6.13）进行选择检验，Husman检验发现，此数据适用于固定效应模型。

由回归结果（表6-4）可知，引资国的四个因素对中国的产业结构变动的影响存在区域性差异，其中归属独联体+蒙古（f_1）、东南亚（f_2）、南亚（f_3）、中东欧（f_6）国家的市场规模、自然资源禀赋、政治稳定性均对中国产业层次系数存在在95%的显著性水平下有影响，而归属中亚（f_4）和西亚+北非（f_5）国家的这三种因素影响不显著，这显然说明存在区位影响。除了归属（f_4）国家的市场规模对中国产业层次影响不显著之外，其他所有国家的市场规模均对中国的产业层次升级具有显著的正向作用；归属（f_1）、（f_2）和（f_3）国家的政治稳定性均对中国的产业层次升级具有显著的正向作用；归属（f_1）、（f_2）、（f_3）、（f_6）国家的自然资源禀赋对中国的产业结构层次升级具有显著的影响，其中归属（f_2）、（f_3）、（f_6）国家的自然资源禀赋对中国的产业层次升级存在正效应，而归属（f_1）国家的自然资源禀赋对中国的产业层次升级存在负向影响。关于中国与“一带一路”国家其他方面经贸往来（FDI、OFDI、export、import）对中国产业结构影响的效应在表6-4中清楚可见，不再赘述。整体来看，引资国自然资源禀赋因素对中国产业结构变动的影响效应最为显著，中国与“一带一路”国家的经贸合作对中国的产业结构升级转型具有显著作用。

表6-4　回归结果（六大区域）

Variables	(1) f_1	(2) f_2	(3) f_3	(4) f_4	(5) f_5	(6) f_6
ln（fdi）	-0.0111*	-0.00819*	-0.000701	-0.00552	-0.000559	-0.00301
	(-2.60)	(-2.04)	(-0.24)	(-1.03)	(-0.17)	(-1.00)
ln（ofdi）	0.0379*	0.000614	0.00205*	0.0193**	0.0406**	0.0984**
	(1.88)	(0.03)	(0.14)	(0.76)	(1.90)	(2.09)

续表

Variables	(1) f1	(2) f2	(3) f3	(4) f4	(5) f5	(6) f6
ln（chuk）	0.0516***	0.0121	0.0224*	0.0226	-0.00204	0.00601
	(4.02)	(1.81)	(2.14)	(1.50)	(-0.26)	(0.56)
ln（jink）	0.0164*	-0.00322	-0.0242***	-0.0121	-0.00121	0.00242
	(2.30)	(-1.83)	(-3.69)	(-2.43)	(-0.34)	(0.46)
ln（x1）	0.00209*	0.000156**	0.000125**	0.00161	0.00281*	0.00646*
	(1.72)	(0.15)	(0.13)	(1.29)	(2.27)	(2.21)
ln（x2）	0.00440*	0.00280**	0.00164*	-0.0107	0.000767	-0.0125**
	(2.09)	(2.72)	(2.19)	(-1.63)	(0.57)	(-3.10)
ln（x3）	-0.0258***	0.00195**	0.0135**	0.00355	-0.00328	0.0413*
	(-3.86)	(0.29)	(1.22)	(0.18)	(-0.77)	(2.22)
_cons	1.882***	2.326***	2.360***	2.391***	2.555***	2.546***
	(14.01)	(25.71)	(20.75)	(14.25)	(29.46)	(18.82)
N	39	101	39	14	107	72

注：*t* statistics in parentheses; * $p < 0.05$, ** $p < 0.01$, *** $p < 0.001$。

（二）回归结果的分析

实证结果验证了引资国的市场规模、资源禀赋、政治稳定性和地理区位因素对投资国的产业结构转型升级具有显著的影响。其中，资源禀赋因素的影响最为显著，这显然与中国对外经济投资合作的战略定位密切相关。

1. 引资国资源禀赋条件对投资国产业结构调整具有最显著作用

本部分的实证结果显示，“一带一路”引资国的自然资源禀赋对中国产业结构转型升级的作用最为显著，但是具有丰富矿石与金属、燃料的国家区域却对中国产业结构调整的作用不显著。而实际上并不具有自然资源禀赋比较优势的国家区域却对中国产业结构调整具有显著优势，这可能是因为目前中国是一个制造业大国，通过对外直接投资进行产业转移是以制造业为主，即是依赖于丰富劳动力和一定技术条件的产业，因此仅仅具有传统自然资源禀赋优势的国家区域并非是中国对外直接投资产业的最优选择，导致这些区域国家的自然资源禀赋比较优势对中国产业结构调整作用不显著，同时也与“一带一路”倡议切实推进时间短、效果没有完全显现出来有关。

2. 引资国市场规模对投资国产业结构调整具有重要作用

市场规模代表了一国或区域的消费能力和产业基础状况，具有较大市场规模的国家往往具有较高的消费能力和完善的产业基础，但是并非市场规模越大越有利于投资国的产业结构调整，欠发达国家对发达国家的产业比较优势集中在一般制造业和服务业，对于高级制造业和服务业而言发达国家具有绝对的比较优势。目前，“一带一路”国家中既包含发达国家也包含欠发达国家，中国属于欠发达国家，但是随着中国经济发展水平的不断提升，中国在某些一般制造业和服务业领域的产业优势正在衰退，因此急需向具有这些产业比较优势的国家进行产业转移以获取更多的利益，进而提升本国的产业结构层次。此外，在某些产业领域应继续保持对发达国家的产业比较优势，适当对其进行直接产业投资，以优化产业结构。“一带一路”国家中归属于中亚区域的国家其市场规模较小，因此对中国产业结构调整的作用不明显，不是中国对外直接投资的优先选择。

3. 区位条件是投资国对外直接投资的优先考虑因素

通过比较六大区域同一因素对中国产业结构影响效应可知，在中国对外经贸合作战略区位定位上越重要的区域对中国产业结构调整的作用越显著。实际上，处于“一带一路”战略关键节点区域的国家，和中国的经贸往来较为紧密，往往是中国对外直接投资的优先考虑区域，对中国产业结构转型升级具有显著的影响。而处于“一带一路”非重要节点区域的国家，和中国的经贸往来较为平淡，对中国投资的吸引力不强，对中国产业结构转型升级的作用并不明显。

4. 引资国政治稳定性对投资国产业结构调整具有积极作用

稳定的国内政治环境是一国发展的根本保证，也是吸引外来投资的关键要素。具有良好政治稳定性的区域国家能够提供稳定的产权保护，进而保证投资国的正常权益。“一带一路”国家中不具有良好政治稳定性的国家，要素流动性较差、资本积累速度较慢并容易遭到破坏、人力资本水平较低、法律制度没有保障、吸引投资能力差，显然不是中国对外投资的选择，因此对中国产业结构调整的影响并不显著。

第三节　本章小结

本章利用中国与“一带一路”沿线国家对外贸易与双边对外投资的数据

建立计量模型，针对前文研究得到的结论进行经验验证。全样本数据实证研究得出结论：

第一，与“一带一路”沿线国家进口、出口对中国产业结构层次系数具有显著影响。向“一带一路”国家的出口对中国的产业结构层次正向影响，而从“一带一路”国家进口对中国产业结构层次系数负向影响。从“一带一路”大部分国家进口产品以初级产品为主，对提升我们的产业结构层次激励效果不强。与“一带一路”国家的 FDI、OFDI 对中国产业结构层次系数影响都不显著，这可能是因为“一带一路”倡议实施时间短，对这些国家的 FDI、OFDI 占中国对外投资总额比重仍然较低，“一带一路”倡议的效果没有完全显现出来。从影响系数来看，出口大于进口，OFDI 大于 FDI，再次证实了“走出去”对于产业结构优化升级效果大于“引进来”。

第二，中国国内的消费结构[ln(egl)]、市场规模[ln(p_gdp)]和政府宏观调控[ln(caiz)]均对中国的产业结构调整存在显著影响。消费结构[ln(egl)]对产业结构调整存在负向影响。市场规模[ln(p_gdp)]对产业结构调整具有正向影响，中国经济社会发展水平的不断提升，不仅提高了人均收入水平而且拓展了市场规模，主流经济学理论指出，市场规模的扩大是社会进一步分工完善和效率提升的必要条件，中国市场规模的扩展为产业结构调整进一步释放了选择空间。政府宏观调控[ln(caiz)]对产业结构调整也具有正向影响，即适当的政府调控能够促进中国的产业结构转型升级，在政府主导的“一带一路”倡议实施中，中央政府以及各级地方政府均承担着部署落实相关经济贸易政策有效实施的责任，对产业发展政策进行指导，因此在“一带一路”倡议实施的初期，政府的适当干预能够加快推进“一带一路”倡议的实施进程，进而提升产业结构调整的速度。

面板数据实证分析结果表明：

第一，中国在与“一带一路”国家的经贸往来中，“一带一路”国家的市场规模、资源禀赋、政治稳定性和区位因素对中国产业结构优化升级具有不同的影响作用，引资国对投资国产业结构优化升级的影响必然受到双方自身条件的约束。

第二，战略区位是中国对外投资直接的优先考虑因素。通过比较六大区域同一因素对中国产业结构影响效应可知，在中国对外经贸合作战略区位定位上越重要的区域对中国产业结构调整的作用越显著，如中国与东南亚国家的经贸合作源远流长，东南亚国家是“一带一路”战略实施的重要方向，因此中国与“一带一路”中的东南亚国家的经贸合作对中国产业结构优化升级具有显著的影响。

第三，自然资源禀赋对中国产业结构优化升级具有最显著作用。但是具有丰富矿石与金属、燃料的国家区域却对中国产业结构优化升级的作用不显著，而实际上并不具有自然资源禀赋比较优势的国家区域却对中国产业结构优化升级具有显著优势，这与中国当前对外转移的产业性质密切相关，当前中国对外转移的产业多以劳动密集型产业为主，并需要一定的技术水平，而像具有传统丰富石油化石能源的中亚和西亚 + 北非国家并不具有转接中国对外转移产业的基础和能力，因此对中国产业结构的影响并不显著。也与“一带一路”倡议推进时间短、效果没有完全显现出来有关。

第四，市场规模对中国产业结构优化升级具有重要作用。市场规模代表了一国或区域的消费能力和产业基础状况，具有较大市场规模的国家往往具有较高的消费能力和完善的产业基础，但是并非市场规模越大越有利于投资国的产业结构调整，欠发达国家对发达国家的产业比较优势集中在一般制造业和服务业，对于高级制造业和服务业而言发达国家具有绝对的比较优势。从市场规模这一角度看，当前适合中国对外直接投资和产业转移的国家应具有一定市场规模和市场发展潜力，并在一般制造业和服务业的某些领域对中国存在比较优势。

第五，政治稳定性对中国产业结构优化升级具有积极作用。稳定的国内政治环境是一国发展的根本保证，也是吸引外来投资的关键要素，具有良好政治稳定性的区域国家能够提供稳定的产权保护，进而保证投资国的正常权益。中国的“一带一路”倡议对本国产业结构转型升级的效果是肯定的，在实施过程中必须考虑“一带一路”国家的实际国情，并充分考虑对外直接投资的影响因素是否有利于双方的产业结构调整，进而作出最合适的产业投资选择。

第七章

结论与政策建议

第一节　主要结论及本书进一步研究的方向

一、主要结论

本书实证研究得出以下基本结论：

第一，出口、进口在1%水平与R显著正相关。出口对R提升影响大于进口，影响系数分别为0.0810、0.0698，出口增加1个百分点，R提升0.0810百分点，进口增加1个百分点，R提升0.0698个百分点，进出口结合在一起分析，对外贸易显著提升产业结构层次。OFDI、FDI与R显著正相关，OFDI对产业结构层次系数的影响显著性更强，影响系数更大。从影响系数大小可以发现，中国商品与资本“走出去”的思路对产业结构层次提升效果大于“引进来”。

第二，FDI、export与产业结构优化在5%水平相关，import、OFDI与产业结构优化在10%显著水平相关。其中FDI对产业结构优化呈负向影响关系，说明实际利用外资额越高，产业结构优化水平越低，外资分布在各产业不均衡，外资分布多的产业劳动生产率更高，这加剧了各产业劳动生产率的差异，使得产业结构优化水平降低。

第三，FDI、OFDI对产业结构均衡化在1%显著水平相关。OFDI呈现出负向影响关系。这说明OFDI越高就导致产业结构均衡化水平越低。究其原因，本书认为主要在于两个方面：一方面，中国对外投资规模不断扩大，对外投资模式以资本带动产品走出去为主，资本带动人才走出去规模小，导致就业结构调整与产业结构调整步伐不一致，进而影响到产业结构均衡化的实现；另一方面，中国传统产业结构根深蒂固，再加上配套措施并不完善，故而对外投资并未能顺利利用传统产业转移、新兴产业成长、产业关联等效应来促进产业结构均衡化水平。

第四，OFDI 与产业结构生态化在 5% 显著水平正相关。通过 OFDI 将国内边际产业、高能耗产业转移出去，有利于国内的生态环境保护，有利于提高国内生产的低碳化水平。

第五，市场化水平、政府财政支出在 1% 水平与产业结构层次系数显著正相关。市场化指数与政府财政支出对产业结构层次系数同时具有显著的正向影响，这表明中国需要进一步将市场治理与政府治理结合起来，将看得见的手与看不见的手结合起来，共同促进产业结构层次提升推动经济增长。政府财政支出对产业结构低碳化是负向影响关系，需要加强对政府财政资金使用的监管，提高资金使用效率，以提升产业结构能源效率。

第六，恩格尔系数对产业结构优化升级五方面的影响系数都是负的。恩格尔系数对产业结构层次系数在 5% 显著水平下负向影响，对产业结构均衡化在 10% 显著水平下负相关。表明恩格尔系数越低，人民生活水平越高，对消费品的需求层次提高，消费水平的升级必然正向激励产业结构升级。恩格尔系数对产业结构优化、产业结构高级化、产业结构低碳化的影响不显著，说明消费升级对产业结构优化升级的影响总体不明显。

第七，人力资本水平与技术水平对于产业结构优化升级的贡献并不显著。改革开放以来，中国凭借国内、国外两大市场，以及自身丰富廉价劳动力的比较优势，推动产业结构优化升级，但人力资本、知识与技术并没有体现出来巨大的激励产业结构优化升级的效应。

第八，分区域面板数据回归分析结果显示，无论是东部地区、中部地区还是西部地区，进口、出口、FDI 和 OFDI 均能够促进产业结构优化升级。从进口、出口、FDI 和 OFDI 对产业结构升级影响的普遍性规律来看，东部地区作用最强、中部地区次之、西部地区最弱。教育水平、财政支出和人均 GDP 增加也能对产业结构优化升级带来积极影响，恩格尔系数降低能够促进产业结构优化升级。

二、本书进一步研究方向

对外开放与产业结构是两个包含内容很广的问题，目前本书从两个方面反映对外开放，从五个维度衡量产业结构优化升级，本书的研究空间还有很大，下一步的研究方向如下：

（一）找到合适的权重确定方法

把产业结构优化升级几个维度的指标合成一个综合指标作为被解释变量，这样做实证分析会更全面、更具体。得到一个合成指标作被解释变量需要确定各指标的权重，权重选择得不合理会使得后续的实证分析结果不严谨，甚至不能很好地解释现实，目前的文献中没有找到很好的权重确定方法，这是下一步研究要解决的问题。

（二）加入差异性比较分析

贸易的开放与投资的开放影响产业结构优化升级，它们的影响有什么不同，这种差异性分析对下一步开放的重点着力方向有重要意义。加入对外贸易、对外投资对产业结构优化升级影响的差异性分析是后续要进行的研究工作。

第二节　启示与政策建议

一、进一步扩大开放为产业结构优化升级提供动力

贸易与投资的开放扩大了市场，提高了消费者选择自由度，改变了商品相对价格，提高了资源配置效率，提升了社会福利水平，开放使中国从贫穷落后国家成为中等收入发展中国家。通过开放，中国产业内部与产业之间实现优化升级，产业层次得到提升，各产业生产率大幅提高，产业结构优化速度加快，各产业产值分布与劳动力分布耦合性提高，中国出口的商品更多、更复杂，甚至能够包括加工贸易生产的高科技产品，即使扣除加工贸易因素，中国的产业结构在30多年也明显升级换代。中国通过开放获得的红利，靠的是比较优势与规模经济递增，进入21世纪，国际社会经济格局有所变化，中国产业结构

优化升级依赖的比较优势和规模经济递增有弱化趋势。为使得产业结构优化升级得以继续，应进一步扩大开放，不仅对外扩大开放，对内也要扩大开放。对外扩大开放，开发新的贸易伙伴。中国过去的贸易伙伴多集中在少数几个经济发达国家，贸易依存集中于少数国家加大了开放的风险，开发新的贸易伙伴能够分散系统化风险。同时加快自由贸易区建设，调整加工贸易模式。对内扩大开放，打破各地区贸易壁垒，放开要素市场与产品市场，通过对外对内进一步扩大开放，为产业结构优化升级提供源源不断的动力。

二、引导外商直接投资在各产业合理布局

从“量”来看，流入中国的外商直接投资规模很大，2014 年中国首次超过美国，成为全球最大的外资净流入国家，2017 年中国吸引的外商直接投资全球第二，高达 1310 亿美元，庞大的外商直接投资对中国的产业结构优化升级和经济增长贡献巨大。但是根据前文的研究，外商直接投资与中国产业结构优化泰尔指数负相关，泰尔指数是各产业劳动生产率的结构权重相加得到的指标，两者负相关说明外商投资数量越大各产业的劳动生产率偏差越大，产业结构优化水平越低。这其中的原因在于外商直接投资在各产业分布的偏差大，主要集中在第二和第三产业，流向第一产业的外商直接投资占比很低，从加入 WTO 到 2017 年，投向第一产业的外商直接投资比重都小于 2%，大多数时期都处于 1% 左右的比重，这种情况放慢了产业结构优化的脚步。应该引导外商直接投资向第一产业倾斜，例如珠三角地区地处南方，雨水充沛、气候宜人，非常适于发展农业生产，但是由于该地区的农业投资不足，发展农业的优势并没有显现出来。中国农产品国际贸易并没有因为加入 WTO 而扩大出口，入世把农产品走向国际市场的大门打开了，但是并不说明门槛降低了，农产品国际贸易长期逆差。要改变这种形势，就要发展具有国际竞争力的农产品，提高农产品的质量，提升农业生产的科技水平，重视农业新技术，推广高科技农业，引导外资流入农业领域，开发农业新项目，激励第一产业内部结构优化。与第二产业吸引的外商直接投资规模相比，第三产业吸引的外商直接投资仍然偏小，而且主要投向房地产与租赁服务业，应该加强文教卫生等行业的投资，以平衡优化第三产业内部结构。

三、通过“走出去”利用国际市场化解产能过剩优化产业结构

通过第五章与第六章实证分析发现一个结论，出口与对外直接投资对产业

结构优化升级的影响大于进口与外商直接投资，也就是说商品和资本“走出去”比“引进来”对于产业结构优化升级的影响效果更大。在中国产能过剩问题突出的情况下，而内需不足，利用国际市场化解一部分过剩产能或许是重要的选择。近几年中国的冶炼、钢铁、相关矿产企业产能过剩严重，这些产品在国内难以快速消化，可以通过出口加大向海外市场输出。直接出口的方式扩大国外需求，能够化解一部分过剩产能，但是出口可能面临各种贸易壁垒，从重商主义以来，各个国家为了保护民族企业，促进本国产业的发展，贸易保护主义思想一直都存在，很多国家都会采取各种各种的贸易壁垒限制从其他国家进口产品，特别是技术性贸易壁垒与绿色贸易壁垒使中国的出口障碍重重。除了出口，资本带动商品“走出去”的对外直接投资也是解决国内产业产能过剩的重要选择。在产能过剩的产业中具备对外直接投资能力的企业，通过在海外设厂，或者兼并收购海外企业，扩展海外市场，把过剩产能或者在国内的边际产业、夕阳产业转移出去。对外直接投资对于投资国与引资国是互利的，对于投资国而言能够充分利用东道国的资源，节省成本、运费，节省进入国际市场的交易费用，更为重要的是能产生逆向技术溢出效应带动母国产业结构优化升级。对于东道国，吸收当地劳动力，增加当地税收，容易被当地政府和老百姓接受，绕过了出口面临的贸易壁垒。中国的对外直接投资在入世之后才缓慢起步，目前来看，仍有很大的增长空间，要充分利用好对外直接投资，进一步打开对外直接投资的局面，消耗国内过剩产能，实现产业结构优化升级。

四、重视人力资本提升与技术创新

尽管本书的实证研究表明人力资本与技术水平对产业结构优化升级五个维度的指标影响都不显著，但这并不否定人力资本与技术水平的贡献。这种现象可能与中国人力资本整体水平并不高，外向型经济使得中国很长时间都是在模仿发达国家，技术创新仍处于初级阶段，人力资本与技术对产业结构优化升级的正向激励效果没显现出来有关。很多新兴市场国家，比如越南、印度看到中国通过改革开放获得红利，也开始搞改革开放，中国的改革开放制度创新没有专利，任何国家都可以模仿。这些后开放国家由于更穷，工资更低，中国丰富低廉的劳动力优势已经不明显了，人口红利即将过去，要找到新的独特优势，就是提升人力资本，实现技术创新突围。只有依靠技术创新，才能逆转成本曲线上升的诅咒。回顾改革开放几十年，中国经济发展走向脉络清晰，开放是中国利用了全球化，资本与技术引进来，与中国能干，收入低的人口相结合，完成一场中国经济的革命。下一步要实现产业结构优化升级，避免陷入中等收入陷阱，人口红利带来的成本优势已经不明显，必须要依靠做出与众不同的产品，掌握核心技术，这要通过高素质的劳动力实现，通过技术创新实现。

五、政府治理与市场治理相结合促进产业结构优化升级

美国是世界上号称经济最自由的国家，在其产业结构调整历史演进中，政府也进行过干预，日本在二战后经济腾飞历史就是政府调整产业结构的历史，这些发达国家产业结构优化演进的经验证明政府对产业结构调整进行干预的必要性。根据前文的实证分析，政府财政支出与产业结构优化升级五个维度的指标都具有显著性影响，说明政府干预产业结构优化升级是必要的。政府通过制定产业政策，引导产业结构向合理化、高级化、均衡化、生态化变迁。但是政府制定产业政策作用机制上，必须将干预面集中在市场失灵的领域，以市场机制为基本形式，充分发挥价格机制配置资源的核心作用，避免因为政策实施的非市场性导致的产业政策作用机制的偏差。

六、关注开放面临的风险

对外开放涉及政治、经济、文化、法律等多个方面，因此中国在扩大开放过程中，特别是中国资本“走出去”对“一带一路”沿线国家进行投资要面临各方面的风险，根据中国社科院世界经济与政治研究所发布的《2016 年度中国海外投资国家风险评级》除了新加坡属于低风险国家，沿线国家多属于中等风险级别。沿线一些国家政治环境不稳定，域外国家的阻挠导致沿线国家的不信任；企业在向外投资承担资金周转风险；沿线国家在文化、风俗习惯、宗教信仰方面的异质性导致面临的社会风险；各个国家使用的法系不同，涉及的法律体系包括大陆法系、英美法系和伊斯兰法系，法系不同导致在出现法律争端时国家的处理方式不同，法律适用性被弱化。鉴于面临的风险，中国在扩大开放进程中，要加强投资环境评估，构建风险预警体系，同时要对合作国家进行充分深入调查了解，做到入乡随俗。

参考文献

［1］包群、许和连和赖明勇．贸易开放度与经济增长：理论及中国的经验研究［J］．世界经济，2003（2）：10—18.

［2］安苑和王珺．财政行为波动影响产业结构升级了吗？——基于产业技术复杂度的考察［J］．管理世界，2012（9）：19—35.

［3］卜伟和易倩．OFDI对我国产业升级的影响研究［J］．宏观经济研究，2015（10）：54—61.

［4］薄文广．外国直接投资对中国技术创新的影响——基于地区层面的研究［J］．财经研究，2007，33（6）：4—17.

［5］曹文裴．江苏省对外贸易结构与产业结构关系的实证研究［D］．南京：南京航空航天大学，2010.

［6］陈继勇和盛杨怿．外商直接投资的知识溢出与中国区域经济增长［J］．经济研究，2008（12）：39—49.

［7］陈建华和马晓逵．中国对外贸易结构与产业结构关系的实证研究［J］．北京工商大学学报（社会科学版），2009，24（2）：1—5.

［8］陈琳和朱明瑞．对外直接投资对中国产业结构升级的实证研究：基于产业间和产业内升级的检验［J］．当代经济科学，2015（6）：116—121.

［9］陈晓兰和毕晓霞．FDI对山东省经济增长及产业结构升级的贡献分析［J］．山东财经大学学报，2010（1）：70—73.

［10］陈晓永和张会平．基于梯度差异视角的京津冀产业同构及成因的新认识［J］．改革与战略，2012，28（6）：98—100.

［11］陈迅和高远东．中国产业结构变动和FDI间的动态关系研究［J］．科研管理，2006，27（5）：137—142.

［12］陈岩和翟瑞瑞．对外投资、转移产能过剩与结构升级［J］．广东社会科学，2015（1）：5—16.

[13] 程艳霞和李娜．湖北产业结构升级测度与产业结构优化研究［J］．武汉理工大学学报（信息与管理工程版），2010，32（1）：118—121.

[14] 池商城．中国对外贸易商品结构对产业结构升级的影响研究［D］．北京：北京交通大学，2017.

[15] 储祥好．对外开放与中部崛起——析我国中部地区对外开放现状与中部崛起战略［J］．国际贸易，2006（10）：4—8.

[16] 丛海彬和高长春．浙江省对外贸易与产业结构升级研究——基于1988—2009年数据的实证分析［J］．未来与发展，2012（2）：93—98.

[17] 崔日明和俞佳根．基于空间视角的中国对外直接投资与产业结构升级水平研究［J］．福建论坛（人文社会科学版），2015（2）：26—33.

[18] 崔新建．外国直接投资下的产业结构升级［J］．当代财经，2002（10）：44—47.

[19] 董蓉蓉和臧新．韩国对外直接投资与产业结构调整的实证分析［J］．商业研究，2006（19）：179—182.

[20] 杜昌勇．我国东部地区对外开放度分析：1993—2005［J］．上海经济研究，2007（7）：24—31.

[21] 樊纲、王小鲁和张立文．中国各地区市场化相对进程报告［J］．经济研究，2003（3）：9—18.

[22] 方燕和高静．外商直接投资对产业结构的影响分析——基于向量误差修正模型的实证研究［J］．北京工商大学学报（社会科学版），2010，25（1）：49—52.

[23] 冯春晓．我国对外直接投资与产业结构优化的实证研究——以制造业为例［J］．国际贸易问题，2009（8）：97—104.

[24] 付凌晖．我国产业结构高级化与经济增长关系的实证研究［J］．统计研究，2010，27（8）：79—81.

[25] 付强．我国外贸依存度问题新探［J］．世界经济研究，2007（3）：44—49.

[26] 傅强和周克红．我国三大经济圈外国直接投资的差异性分析与结构转换效应评价［J］．世界经济研究，2006（3）：69—77.

[27] 干春晖、郑若谷和余典范．中国产业结构变迁对经济增长和波动的影响［J］．经济研究，2011（5）：4—16.

[28] 高燕．产业升级的测定及制约因素分析［J］．统计研究，2006，23

(4): 47—49.

[29] 高越. 我国进出口对GDP及三个产业影响的实证分析 [J]. 国际经贸探索, 2003, 19 (4): 7—10.

[30] 谷卓越. 基于因子分析的我国内地对外开放度评价 [J]. 企业经济, 2008 (2): 122—124.

[31] 郭飞. 贸易自由化与投资自由化互动关系研究 [M]. 北京: 人民出版社, 2006: 76—78.

[32] 郭克莎. 我国产业结构变动趋势及政策研究 [J]. 管理世界, 1999 (5): 73—83.

[33] 郭克莎. 中国: 改革中的经济增长与结构变动 [M]. 上海: 上海三联书店, 1993.

[34] 宫汝凯和李洪亚. 技术进步、经济结构转型与中国对外直接投资: 基于2003—2012年的证据 [J]. 南开经济研究, 2016 (6): 56—77.

[35] 郭羽诞和贺书锋. 对外直接投资、信息不对称与华商网络 [J]. 山西财经大学学报, 2010 (2): 15—21.

[36] 何慧爽. 产业结构与FDI、要素成本关系的实证研究——基于全国30个省的面板数据分析 [J]. 河南工业大学学报 (社会科学版), 2009, 5 (2): 48—51.

[37] 侯学娟和江激宇. 对外贸易发展对产业结构升级的影响——基于安徽省17个市的面板数据实证分析 [J]. 安徽农业大学学报 (社会科学版), 2012, 21 (1): 77—82.

[38] 胡海军、张卫东和向锦. 贸易开放度与我国农村贫困的联系的实证研究 [J]. 国际贸易问题, 2007 (8): 15—21.

[39] 胡智和刘志雄. 中国经济开放度的测算与国际比较 [J]. 世界经济研究, 2005 (7): 10—17.

[40] 黄繁华. 中国经济开放度及其国际比较研究 [J]. 国际贸易问题, 2001 (1): 19—23.

[41] 黄河. 一带一路与国际合作 [M]. 上海: 上海人民出版社, 2015.

[42] 黄亮雄、安苑和刘淑琳. 中国的产业结构调整: 基于三个维度的测算 [J]. 中国工业经济, 2013 (10): 70—82.

[43] 黄庆波和范厚明. 对外贸易、经济增长与产业结构升级——基于中国、印度和亚洲"四小龙"的实证检验 [J]. 国际贸易问题, 2010 (2):

38—44.

[44] 黄少安. 中国经济体制改革的基本经验和教训 [J]. 山东社会科学, 2002 (5): 5—8.

[45] 黄少安. 山东经济结构调整的维度和重点 [J]. 东岳论丛, 2013, 34 (12): 5—12.

[46] 惠宁. 产业集群理论的研究现状及其新发展, 管理世界, 2005 (11): 158—159.

[47] 霍忻. 中国对外直接投资逆向技术溢出的产业结构升级效应研究 [D]. 北京: 首都经济贸易大学, 2016.

[48] 黄先海和郑亚莉. 利用外贸外资推动浙江产业升级研究 [J]. 浙江大学学报 (人文社会科学版), 2000, 30 (6): 149.

[49] 黄晓玲. 外贸、外资与工业化: 理论分析与中国实证研究 [M]. 北京: 对外经济贸易大学出版社, 2002.

[50] 黄志勇和许承明. FDI 对上海产业结构影响的实证分析——基于面板数据模型的研究 [J]. 产业经济研究, 2008 (4): 60—65.

[51] 姬沈育. 优化产业结构的对外贸易分析 [J]. 经济经纬, 2001 (2): 59—62.

[52] 贾妮莎和韩永辉. 外商直接投资、对外直接投资与产业结构升级——基于非参数面板模型的分析 [J]. 经济问题探索, 2018 (2).

[53] 贾妮莎和申晨. 中国对外直接投资的制造业产业升级效应研究 [J]. 国际贸易问题, 2016 (8): 143—153.

[54] 江小涓. 产业结构优化升级: 新阶段和新任务 [J]. 财贸经济, 2005 (4): 3—9.

[55] 江小涓. 中国的外资经济: 对增长、结构升级和竞争力的贡献 [M]. 北京: 中国人民大学出版社, 2002.

[56] 江小涓. 中国的外资经济对增长结构升级和竞争力的贡献 [J]. 社会科学文摘, 2003 (1): 4—14.

[57] 姜波克. 金融开放与经济发展 [M]. 上海: 复旦大学出版社, 1999.

[58] 姜瑾和朱桂龙. 外商直接投资行业间技术溢出效应实证分析 [J]. 财经研究, 2007, 33 (1): 112—121.

[59] 金碚、李钢和陈志. 加入 WTO 以来中国制造业国际竞争力的实证分析, 中国工业经济, 2006 (10): 5—14.

[60] 姜茜和李荣林．我国对外贸易结构与产业结构的相关性分析［J］．经济问题，2010（5）：19—23.

[61] 蒋金荷．我国高技术产业同构性与集聚的实证分析［J］．数量经济技术经济研究，2005，22（12）：91—97.

[62] 蒋昭侠．产业结构问题研究［M］．北京：中国经济出版社，2005.

[63] 金明玉和王大超．韩国对外直接投资与产业结构优化研究［J］．东北亚论坛，2009，18（3）：73—79.

[64] 靖学青．产业结构高级化与经济增长——对长三角地区的实证分析［J］．南通大学学报：社会科学版，2005，21（3）：45—49.

[65] 靖学青．上海产业升级测度及评析［J］．上海经济研究，2008（6）：53—59.

[66] 兰宜生．对外贸易对我国经济增长及地区差距的影响分析［J］．数量经济技术经济研究，2002，19（7）：119—121.

[67] 李宝瑜和高艳云．产业结构变化的评价方法探析［J］．统计研究，2005，22（12）：65—67.

[68] 李斌和丁艺．对外贸易与工业结构升级——基于中国数据的协整分析［J］．湖南社会科学，2008（1）：113—116.

[69] 李翀．最优通货区理论述评［J］．经济学动态，1998（7）：57—60.

[70] 李东坤和邓敏．中国省际OFDI、空间溢出与产业结构升级——基于空间面板杜宾模型的实证分析［J］．国际贸易问题，2016（1）：121—133.

[71] 李逢春．对外直接投资的母国产业升级效应——来自中国省际面板的实证研究［J］．国际贸易问题，2012（6）：124—134.

[72] 李国平．对外直接投资的区位选择与基本分析框架［J］．北京大学学报（哲学社会科学版），2000（1）：52—59.

[73] 李江帆和曾国军．中国第三产业内部结构升级趋势分析［J］．中国工业经济，2003（3）：34—39.

[74] 李京文、郑友敬和齐建国．技术进步与产业结构问题研究［J］．科学学研究，1988（4）：43—54.

[75] 李坤．中国对“一带一路”国家直接投资的产业选择研究［D］．武汉：湖北大学，2016.

[76] 李丽娜．提升国际贸易竞争力的思考——基于产业结构与国际贸易互动关系的研究［J］．当代经济，2011（20）：104—105.

[77] 李荣林和姜茜. 我国对外贸易结构对产业结构的先导效应检验——基于制造业数据分析 [J]. 国际贸易问题，2010 (8)：3—12.

[78] 穆瑞·罗斯巴德. 美国大萧条 [M]. 上海：上海世纪出版集团，2003.

[79] 李文和潘英丽. 比较优势、国际贸易和产业结构——基于比较优势理论的分析 [J]. 现代管理科学，2011 (9)：39—40.

[80] 李文臣和刘超阳. FDI 产业结构效应分析——基于中国的实证研究 [J]. 改革与战略，2010，26 (2)：116—118.

[81] 李享章和陈小京. FDI 产业结构效应与民营企业的产业选择策略 [J]. 统计与决策，2006 (23)：132—133.

[82] 李小平、卢现祥和朱钟棣. 国际贸易、技术进步和中国工业行业的生产率增长 [J]. 经济学（季刊），2008，7 (2)：549—564.

[83] 李小平和朱钟棣. 国际贸易、R&D 溢出和生产率增长 [J]. 经济研究，2006 (2)：31—43.

[84] 李晓钟. 论外商直接投资对无锡产业结构的影响 [J]. 华东经济管理，2002，16 (4)：16—21.

[85] 李心丹和路林. 中国经济的对外开放度研究 [J]. 财贸经济，1999 (8)：14—20.

[86] 李新安. 对外开放与我国区域技术进步的关联机制——兼论在开放中促进中部崛起 [J]. 当代财经，2008 (3)：75—80.

[87] 林毅夫. 优化产业结构要依据比较优势 [J]. 经济研究参考，1999 (15)：19.

[88] 林毅夫和胡鞍钢等. 改变世界经济地理的一带一路 [M]. 上海：上海交通大学出版社，2015.

[89] 刘秉镰和刘勇. 我国区域产业结构升级能力研究 [J]. 开放导报，2006 (6)：82—85.

[90] 刘光卫和马亚华. 上海市对外直接投资与产业国际竞争力研究 [J]. 国际经贸探索，2000，16 (2)：62—66.

[91] 刘似臣. 中国贸易开放度的比较分析 [J]. 统计研究，2005，22 (6)：24—27.

[92] 刘伟. 经济发展目标的结构解释 [J]. 经济研究，1995 (11)：20—23.

[93] 刘伟全和张宏．FDI 行业间技术溢出效应的实证研究——基于全球价值链的视角 [J]．世界经济研究，2008 (10)：56—62.

[94] 刘希宋和邱瑞．我国对外贸易与产业结构关系动态分析 [J]．统计与决策，2009 (4)：110—111.

[95] 刘志彪和张杰．从融入全球价值链到构建国家价值链：中国产业升级的战略思考 [J]．学术月刊，2009 (9)：59—68.

[96] 伦蕊．工业产业结构高度化水平的基本测评 [J]．江苏社会科学，2005 (2)：69—74.

[97] 罗丽英和黄娜．我国对外直接投资对国内就业影响的实证分析 [J]．上海经济研究，2008 (8)：86—91.

[98] 罗龙．关于对外开放的几个问题 [J]．管理世界，1990 (1)：16—19.

[99] 马宁．FDI 对我国产业结构的影响与对策研究 [J]．现代管理科学，2011 (8)：82—84.

[100] 聂名华和朱继军．外商直接投资与湖北产业结构调整的实证分析 [J]．湖北社会科学，2010 (5)：63—65.

[101] 牛文育．论技术引进对外贸和产业结构的影响 [J]．兰州学刊，1995 (5)：25—27.

[102] 潘颖和刘辉煌．中国对外直接投资与产业结构升级关系的实证研究 [J]．统计与决策，2010 (2)：102—104.

[103] 潘素昆和袁然．不同投资动机 OFDI 促进产业升级的理论与实证研究 [J]．经济学家，2014 (9)：69—76.

[104] 裴长洪．吸收外商直接投资与产业结构优化升级——“十一五”时期利用外资政策目标的思考 [J]．中国工业经济，2006 (1)：33—39.

[105] 彭飞和韩增林．区域一体化背景下的环渤海地区制造业产业同构性分析 [J]．世界地理研究，2012，21 (1)：121—130.

[106] 彭磊和裴长洪．加工贸易转型升级：“十一五”时期我国外贸发展的重要课题 [J]．宏观经济研究，2006 (1)：6—13.

[107] 綦建红和陈东．日本的对外投资与“产业空心化”危机 [J]．外国经济与管理，1996 (6)：32—33.

[108] 曲晓燕、张实桐和伍艳艳．出口对产业结构升级的影响分析——基于我国可比价投入产出表的实证研究 [J]．兰州学刊，2010 (12)：43—46.

[109] 仇怡和吴建军．我国对外直接投资的逆向技术外溢效应研究［J］．国际贸易问题，2012（10）：140—152.

[110] 桑百川、杨立卓和郑伟．中国对外直接投资扩张背景下的产业空心化倾向防范——基于英、美、日三国的经验分析［J］．国际贸易，2016（2）：8—12.

[111] 商建初、范方志和周剑．外商直接投资对中国工业劳动生产率影响的实证研究［J］．统计与决策，2005（2）：76—78.

[112] 沈利生．支出法恒等式能测算外贸对经济的贡献吗［J］．南京财经大学学报，2005（1）：1—7.

[113] 盛斌和廖明中．中国的贸易流量与出口潜力：引力模型的研究［J］．世界经济，2004（2）：3—12.

[114] 施发启．结构调整成效显著［J］．统计研究，2003，20（3）：24—29.

[115] 石柱鲜和吕有晨．论企业对外直接投资对韩国产业结构的影响［J］．世界经济，1999（10）：31—34.

[116] 史忠良．中国经济资源配置的理论与实践［M］．北京：中国财政经济出版社，1998.

[117] 宋京．外国直接投资对我国产业结构升级的影响——对外贸易视角的分析［J］．国际贸易问题，2005（4）：82—86.

[118] 苏东水．产业经济学（第二版）［M］．北京：高等教育出版社，2000.

[119] 孙晓华和王昀．对外贸易结构带动了产业结构升级吗？——基于半对数模型和结构效应的实证检验［J］．世界经济研究，2013（1）：15—21.

[120] 孙燕．江苏对外贸易商品结构对产业结构影响的研究［D］．南京：南京财经大学，2010.

[121] 谭本艳．外商直接投资对我国中部地区资本形成的效应——兼与东西部地区比较［J］．湖北大学学报（哲学社会科学版），2009，36（1）：62—68.

[122] 谭清文．我国产业结构调整的问题与对策［J］．经济体制改革，1997（4）：67—72.

[123] 谭影慧．论对外开放度的度量［J］．上海大学学报（社会科学版），2000，7（2）：72—75.

[124] 汤文仙和韩福荣．三缺口模型：对双缺口模型的修正——对中国利

用外资行为的合理解释［J］. 当代经济科学，2000，22（5）：36—40.

［125］徐德云．产业结构均衡的决定及其测度：理论解释及验证［J］. 产业经济研究，2011（3）：56—63.

［126］涂远芬．我国进口商品结构变动及其优化［J］. 江西社会科学，2011（9）：65—69.

［127］王菲和李娟．中国对日本出口贸易中的隐含碳排放及结构分解分析［J］. 经济经纬，2012，1（4）：61—65.

［128］王俊豪．产业经济学［M］. 北京：高等教育出版社，2012（11）：164.

［129］王洛林、江小涓和卢圣亮．大型跨国公司投资对中国产业结构、技术进步和经济国际化的影响（上）——以全球500强在华投资项目为主的分析［J］. 中国工业经济，2000（4）：5—187.

［130］王洛林和江小涓．中国经济的分析与展望——宏观经济、西部大开发及国有企业改革［J］. 中国工业经济，2000（12）：5—14.

［131］王桤伦．对外贸易与中国产业结构高度化进程实证研究［J］. 技术经济，2006（2）：24—27.

［132］王鹏．中国产业结构调整蓝皮书［M］. 北京：中央文献出版社，2012.

［133］王荣．对外贸易、FDI对我国CPI的影响分析［J］. 对外经贸，2015（10）：40—42.

［134］王胜、田涛和谢润德．中国对外直接投资的贸易效应研究［J］. 世界经济研究，2014（10）：80—86.

［135］王燕飞和曾国平．FDI、就业结构及产业结构变迁［J］. 世界经济研究，2006（7）：51—57.

［136］王义桅．一带一路：机遇与挑战［M］. 北京：人民出版社，2015.

［137］王英和刘思峰．OFDI对我国产业结构的影响：基于灰关联的分析［J］. 世界经济研究，2008（4）：61—65.

［138］王英和刘思峰．中国对外直接投资的出口效应：一个实证分析［J］. 世界经济与政治论坛，2007（1）：36—41.

［139］王滢淇．对外直接投资的产业结构效应——基于省级动态面板数据的实证研究［J］. 湖北社会科学，2013（5）：82—85.

［140］汪朝阳．对外开放与产业结构：基于中国省际数据的空间计量分析

[D]．武汉：武汉理工大学，2012.

[141] 王志华和陈圻．测度长三角制造业同构的几种方法——基于时间序列数据的分析 [J]．产业经济研究，2006 (4)：35—41.

[142] 王志鹏和李子奈．外资对中国工业企业生产效率的影响研究 [J]．管理世界，2003 (4)：17—25.

[143] 魏巧琴和杨大楷．对外直接投资与经济增长的关系研究 [J]．数量经济技术经济研究，2003，20 (1)：93—97.

[144] 文东伟和冼国明．中国制造业的垂直专业化与出口增长 [J]，经济学（季刊），2010 (1)：467—494.

[145] 邬义钧和邱钧．产业经济学 [M]．北京：中国统计出版社，1997.

[146] 吴进红．对外贸易与江苏产业结构升级 [J]．南京社会科学，2006 (3)：134—139.

[147] 吴进红．对外贸易与长江三角洲地区的产业结构升级 [J]．国际贸易问题，2005 (4)：58—62.

[148] 武晓霞．空间地理格局演化对我国产业结构升级的影响 [D]．南京：南京大学，2017.

[149] 吴迎新．海上丝绸之路沿线国家和地区合作研究——以海洋产业竞争优势及合作为中心，中山大学学报（社会科学版），2016 (2)：188—197.

[150] 吴园一．中国经济开放度选择及指标体系 [J]．财经研究，1998 (1)：21—25.

[151] 冼国明和严兵．FDI 对中国创新能力的溢出效应 [J]．世界经济，2005 (10)：18—25.

[152] 肖黎明．中国发展对外直接投资的理论分析 [J]．上海经济研究，2007 (2)：39—47.

[153] 肖云．我国产业结构的演进及对外经济的战略选择 [J]．贵州社会科学，1994 (5)：15—18.

[154] 谢光亚和杜君君．中国 OFDI 与国内产业结构优化升级关联度分析——基于行业选择与国别选择的灰色关联分析? [J]．湖南大学学报（社会科学版），2015 (5)：71—77.

[155] 熊金月．我国对外贸易结构与产业结构的协同关系研究 [D]．南京：东南大学，2017.

[156] 谢涓．对外开放与我国区域产业结构调整研究 [D]．长沙：湖南

大学，2012.

[157] 徐侠和安同良．东部地区高新技术产业同构度的测度与分析 [J]. 科技进步与对策，2008，25（8）：119—121.

[158] 许统生和黄彦．我国外贸依存度分析 [J]. 当代财经，2003（4）：71—73.

[159] 姚君．外商直接投资对产业结构升级的作用机制研究 [J]. 经济与管理，2005，19（11）：41—43.

[160] 闫海洲．长三角地区产业结构高级化及影响因素 [J]. 财经科学，2010（12）：50—57.

[161] 燕敏．我国对外直接投资与产业结构调整的关联性研究 [D]. 长沙：湖南大学，2007.

[162] 杨刚．利用外商直接投资对中国产业结构升级的影响研究 [D]. 武汉：武汉理工大学，2005.

[163] 杨建清和周志林．我国对外直接投资对国内产业升级影响的实证分析 [J]. 经济地理，2013，33（4）：120—124.

[164] 杨建清．中国对外直接投资产业升级效应的区域比较研究 [J]. 云南财经大学学报，2015（2）.

[165] 杨建忠．上海对外贸易对产业结构的影响 [J]. 上海综合经济，2004（1）：49—51.

[166] 杨筠和巴春生．对外贸易与产业结构升级——兼论中国西南面向东南亚产业带产业结构升级 [J]. 改革与战略，2010，26（3）：129—131.

[167] 杨俊龙、张媛媛和王靖．外商直接投资与我国产业结构调整 [J]. 经济研究参考，2004（79）：38.

[168] 杨全发．中国对外贸易与经济增长 [M]. 北京：中国经济出版社，1999.

[169] 杨汝岱和朱诗娥．中国对外贸易结构与竞争力研究：1978—2006 [J]. 财贸经济，2008（2）：112—128.

[170] 杨小凯．企业理论的新发展 [J]. 改革，1993（4）：59—65.

[171] 杨天宇和刘贺贺．产业结构变迁与中印两国的劳动生产率增长差异 [J]. 世界经济，2012（5）：62—80.

[172] 姚君．外商直接投资对产业结构升级的作用机制研究 [J]. 经济与管理，2005，19（11）：41—43.

[173] 尹碧波．中国经济增长的投资依赖陷阱——投资流量与资本存量的结构性失衡 [J]．江苏社会科学，2010 (4)：67—72.

[174] 叶依广、吴雨才和刘志忠．外国直接投资对江苏产业结构升级的影响分析 [J]．南京农业大学学报（社会科学版），2006，6 (1)：23—29.

[175] 殷琪．丝绸之路经济带贸易竞争力实证分析 [J]．改革与战略，2015 (6)：74—78.

[176] 殷琪和薛伟贤．中国在"一带一路"生产网络中产业转移模式研究 [J]．经济问题探索，2017 (3)：123—129.

[177] 尹小剑．对外直接投资与产业结构优化的灰关联分析与趋势预测 [J]．世界经济与政治论坛，2010 (5)：13—25.

[178] 应健和张国林．经济开放度及其度量方法研究 [J]．财经问题研究，2002 (10)：8—11.

[179] 于立和张杰．中国产能过剩的根本成因与出路：非市场因素及其三步走战略 [J]．改革，2014 (2)：40—51.

[180] 余淼杰和王宾骆．对外改革，对内开放，促进产业升级 [J]．国际经济评论，2014 (2)：49—60.

[181] 袁欣．中国对外贸易结构与产业结构："镜像"与"原像"的背离 [J]．经济学家，2010 (6)：67—73.

[182] 俞毅和万炼．我国进出口商品结构与对外直接投资的相关性研究——基于 VAR 模型的分析框架 [J]．国际贸易问题，2009 (6)：96—104.

[183] 袁志刚和范剑勇．产业集聚与农村劳动力的跨区域流动 [J]．中国劳动保障，2003 (10)：22—29.

[184] 张小蒂和孙景蔚．基于垂直专业化分工的中国产业国际竞争力分析，世界经济，2006 (5)：12—21.

[185] 张帆和郑京平．跨国公司对中国经济结构和效率的影响 [J]．经济研究，1999 (1)：45—52.

[186] 张海燕和沈玉芳．经济全球化对长江三角洲地区产业结构一体化和高级化的影响研究 [J]．世界经济研究，2004 (6)：14—23.

[187] 张宏和王建．东道国区位因素与中国 OFDI 关系研究——基于分量回归的经验证据 [J]．中国工业经济，2009 (6)：151—160.

[188] 张平．外商直接投资对中国区域经济的影响研究 [D]．兰州：兰州大学，2010.

[189] 张素芳和房剑．外贸依存度测算方法的改进及对中国外贸依存度的重新估计［J］．数量经济技术经济研究，2006，23（6）：82—88.

[190] 张曙霄．中国对外贸易结构［M］．北京：中国经济出版社，2003.

[191] 张亚斌和姚志毅．技术标准还是技术壁垒？［J］．世界经济与政治，2004（2）：72—74.

[192] 张燕和陈漓高．从对外贸易角度看中国产业升级的路径——基于投入产出法的实证分析［J］．世界经济研究，2007（12）：42—48.

[193] 张幼文．中国开放型经济新阶段理论建设的主题［J］．学术月刊，2006（3）：97—104.

[194] 张远鹏和李玉杰．对外直接投资对中国产业升级的影响研究［J］．世界经济与政治论坛，2014（6）：1—15.

[195] 赵春明和刘振林．从"以市场换技术"战略绩效看FDI的技术外溢［J］．黑龙江社会科学，2006（4）：29—33.

[196] 赵东．广东省对外贸易商品结构与产业结构关系的实证分析［D］．广州：广东外语外贸大学，2006.

[197] 赵红和张茜．外商直接投资对中国产业结构影响的实证研究［J］．国际贸易问题，2006（8）：82—86.

[198] 赵晋平．利用外资与中国经济增长［M］．北京：人民出版社，2001.

[199] 赵伟和江东．ODI与中国产业升级：机理分析与尝试性实证［J］．浙江大学学报（人文社会科学版），2010，40（3）：116—125.

[200] 喆儒．产业升级［M］．北京：中国经济出版社，2006.

[201] 郑展鹏．中部六省对外开放度的实证研究：2000—2007［J］．国际贸易问题，2009（12）：70—74.

[202] 钟昌标．外贸对区域产业结构演进的效应［J］．数量经济技术经济研究，2000，17（10）：18—20.

[203] 周茂荣和张子杰．对外开放度测度研究述评［J］．国际贸易问题，2009（8）：121—128.

[204] 周裕全和苏小玲．浅谈民营企业劳资关系及调整思路［J］．价格月刊，2007（3）：49—51.

[205] 周振华．城市化：中国长期经济增长的支撑点［J］．财经科学，1992（4）：23—29.

[206] 周振华. 我国经济发展面临产业空洞化的挑战：机理分析与应对思路 [J]. 经济研究，1998 (6)：37—45.

[207] 朱劲松. 外商直接投资在中国资本形成的效应 [J]. 亚太经济，2001 (3)：45—48.

[208] 朱立南. 我国对外开放度的评估与合理目标 [J]. 国际贸易，1995 (3)：9—12.

[209] Agiomirgianakis. G. M, Asteriou. D, Papathoma. K. The Determinants of Foreign Direct Investment [M]. Aspects of Globalisation. Springer US, 2004: 83—101.

[210] Akbar. Y. H, Mcbride. J. B. Multinational enterprise strategy, foreign direct investment and economic development: the case of the Hungarian banking industry [J]. Journal of World Business, 2004, 39 (1): 89—105.

[211] Amador J, Cabral S. Vertical specialization across the world: A relative measure [J]. North American Journal of Economics & Finance, 2009, 20 (3): 267—280.

[212] Balassa. B. Trade liberalization and revealed comparative advantage [J]. Manchester School, 1965, 33 (2): 99—123.

[213] Barrios S, Görg H, Strobl E. Foreign direct investment, competition and industrial development in the host country [J]. Ssrn Electronic Journal, 2004, 49 (7): 1761—1784.

[214] Blomstrom M, Wolff E N. Multinational corporations and productivity convergence in Mexico [J]. Social Science Electronic Publishing, 1989.

[215] Braconier H, Ekholm K, Knarvik K H M. In search of FDI - transmitted R&D spillovers: A study based on Swedish data [J]. Weltwirtschaftliches Archiv, 2001, 137 (4): 644—665.

[216] Branstetter L, Lardy N. China's Embrace of Globalization [M]. New York: Social Science Electronic Publishing, 2006.

[217] Cantwell J. The Effects of Integration on the Structure of Multinational Corporation Activity in the EC [M]. Springer Berlin Heidelberg: Multinationals in the New Europe and Global Trade, 1992: 193—233.

[218] Caves R E. International Corporations: The Industrial Economics of Foreign Investment [J]. Economica, 1971, 38 (149): 1—27.